Anfängerkurs Spanisch
Das komplette Sprachpaket

Begleitheft

Ernst Klett Sprachen GmbH
Barcelona • Belgrad • Budapest • Ljubljana • London • Posen • Prag
Sofia • Stuttgart • Zagreb

PONS
Anfängerkurs Spanisch
Das aktive Sprachpaket

Begleitheft

unter Mitarbeit von
Dominique Nißler

Auf der Basis von: ISBN 3-12-561253-5

Dieser Titel ist inhaltlich identisch mit:
PONS Anfängerkurs Spanisch
Das aktive Sprachpaket
ISBN: 3-12-560719-1

Auflage A1 7 6 5 4 3 / 2010 2009 2008 2007

Internet: www.pons.de
E-Mail: info@pons.de

Redaktion: Antje Wollenweber
Logoentwurf: Erwin Poell, Heidelberg
Logoüberarbeitung: Sabine Redlin, Ludwigsburg
Einbandgestaltung: deutschewerbeagentur
Illustrationen: Marlene Pohle, Stuttgart
Titelfoto: Vlado Golub, Stuttgart
Layout/Satz: **beluga**design, Stuttgart
Druck: Legoprint
Printed in Italy.
ISBN: 978-312-560804-7

Inhalt

CD 1

1

1	**Übung 1**	Wortschatz
2	**Übung 2**	Wortschatz
3	**Übung 3, 4, 7**	Dialog
4	**Übung 5**	Aussprache
5	**Übung 6**	Aussprache
6	**Übung 8**	Aussprache
7	**Übung 9**	Kommunikation
8	**Übung 10**	Aussprache
9	**Übung 11**	Aussprache
10	**Übung 11**	Aussprache
11	**Übung 12**	Aussprache
12	**Übung 13**	Grammatik
13	**Übung 14**	Grammatik
14	**Übung 16**	Aussprache
15	**Übung 17**	Kommunikation

2

16	**Übung 1**	Wortschatz
17	**Übung 2**	Wortschatz
18	**Übung 3, 4, 7**	Dialog
19	**Übung 5**	Aussprache
20	**Übung 6**	Aussprache
21	**Übung 8**	Aussprache
22	**Übung 11**	Grammatik
23	**Übung 13**	Grammatik
24	**Übung 14**	Grammatik
25	**Übung 16**	Kommunikation
26	**Übung 17**	Aussprache
27	**Übung 18**	Wortschatz

3

28	**Übung 1**	Kommunikation
29	**Übung 2**	Kommunikation
30	**Übung 3, 4, 6**	Dialog
31	**Übung 5**	Aussprache
32	**Übung 7**	Grammatik
33	**Übung 10**	Grammatik
34	**Übung 11**	Grammatik
35	**Übung 13**	Grammatik
36	**Übung 14**	Wortschatz
37	**Übung 15**	Wortschatz
38	**Übung 16**	Kommunikation

4

39	**Übung 1**	Kommunikation
40	**Übung 2**	Wortschatz
41	**Übung 3, 5, 6**	Dialog
42	**Übung 4**	Aussprache
43	**Übung 7**	Grammatik
44	**Übung 8**	Grammatik
45	**Übung 12**	Grammatik
46	**Übung 14**	Grammatik
47	**Übung 15**	Wortschatz
48	**Übung 16**	Aussprache
49	**Übung 17**	Spiel

R1

50	**Übung 1**	Kommunikation
51	**Übung 3**	Kommunikation
52	**Übung 5**	Kommunikation
53	**Übung 16**	Wortschatz
54	**Übung 19**	Wortschatz
55	**Übung 21**	Aussprache
56	**Übung 22**	Kommunikation

5

57	**Übung 1**	Wortschatz
58	**Übung 2**	Wortschatz
59	**Übung 3, 4, 5**	Dialog
60	**Übung 6**	Aussprache
61	**Übung 9**	Grammatik
62	**Übung 12**	Kommunikation
63	**Übung 13**	Kommunikation
64	**Übung 15**	Grammatik
65	**Übung 16**	Aussprache
66	**Übung 17**	Kommunikation

6

67	**Übung 1**	Wortschatz
68	**Übung 2**	Wortschatz
69	**Übung 3, 4, 6**	Dialog
70	**Übung 5**	Aussprache

71	**Übung 7**	Grammatik
72	**Übung 8**	Grammatik
73	**Übung 9**	Kommunikation
74	**Übung 10**	Grammatik
75	**Übung 12**	Aussprache
76	**Übung 13**	Kommunikation
77	**Übung 14**	Kommunikation
78	**Übung 15**	Kommunikation
79	**Übung 16**	Aussprache
80	**Übung 18**	Kommunikation

7

81	**Übung 1**	Wortschatz
82	**Übung 2**	Wortschatz
83	**Übung 3, 5, 6**	Dialog
84	**Übung 4**	Aussprache
85	**Übung 7**	Grammatik
86	**Übung 10**	Grammatik
87	**Übung 11**	Aussprache
88	**Übung 12**	Kommunikation
89	**Übung 16**	Kommunikation

8

90	**Übung 1**	Wortschatz
91	**Übung 2**	Wortschatz
92	**Übung 3, 5, 6**	Dialog
93	**Übung 4**	Aussprache
94	**Übung 7**	Kommunikation
95	**Übung 11**	Grammatik
96	**Übung 16**	Grammatik
97	**Übung 17**	Wortschatz
98	**Übung 18**	Spiel
99	**Übung 19**	Kommunikation

2 TRACK

CD 2

R2

1	**Übung 2**	Kommunikation
2	**Übung 3**	Kommunikation
3	**Übung 9**	Grammatik
4	**Übung 10**	Grammatik
5	**Übung 14**	Kommunikation
6	**Übung 14**	Kommunikation
7	**Übung 14**	Kommunikation
8	**Übung 17**	Wortschatz
9	**Übung 19**	Aussprache
10	**Übung 19**	Aussprache
11	**Übung 19**	Aussprache
12	**Übung 19**	Aussprache
13	**Übung 19**	Aussprache
14	**Übung 19**	Aussprache
15	**Übung 21**	Grammatik

9

16	**Übung 3, 5, 6**	Dialog
17	**Übung 4**	Aussprache
18	**Übung 7**	Kommunikation
19	**Übung 8**	Wortschatz
20	**Übung 9**	Grammatik
21	**Übung 10**	Grammatik
22	**Übung 17**	Kommunikation

10

23	**Übung 1**	Wortschatz
24	**Übung 2**	Wortschatz
25	**Übung 3, 5, 6**	Dialog
26	**Übung 4**	Wortschatz
27	**Übung 14**	Grammatik
28	**Übung 15**	Kommunikation
29	**Übung 16**	Kommunikation

11

30	**Übung 1**	Wortschatz
31	**Übung 2**	Wortschatz
32	**Übung 3, 5, 6**	Dialog
33	**Übung 4**	Aussprache
34	**Übung 7**	Aussprache
35	**Übung 11**	Grammatik
36	**Übung 12**	Kommunikation
37	**Übung 14**	Wortschatz
38	**Übung 15**	Wortschatz
39	**Übung 16**	Wortschatz
40	**Übung 17**	Lied

12

41	**Übung 1**	Wortschatz
42	**Übung 2**	Grammatik
43	**Übung 3, 4, 5**	Dialog
44	**Übung 6**	Lied
45	**Übung 7**	Wortschatz
46	**Übung 8**	Wortschatz
47	**Übung 9**	Grammatik
48	**Übung 12**	Grammatik
49	**Übung 13**	Grammatik
50	**Übung 14**	Grammatik
51	**Übung 16**	Wortschatz
52	**Übung 17**	Kommunikation
53	**Übung 18**	Kommunikation

R3

54	**Übung 2**	Kommunikation
55	**Übung 4**	Kommunikation
56	**Übung 18**	Aussprache
57	**Übung 18**	Aussprache
58	**Übung 19**	Wortschatz

13

59	**Übung 1**	Wortschatz
60	**Übung 2**	Wortschatz
61	**Übung 3, 4, 6**	Dialog
62	**Übung 5**	Aussprache
63	**Übung 7**	Wortschatz
64	**Übung 8**	Grammatik
65	**Übung 10**	Grammatik
66	**Übung 13**	Grammatik
67	**Übung 13**	Grammatik
68	**Übung 17**	Kommunikation
69	**Übung 18**	Wortschatz

14

70	**Übung 1**	Wortschatz
71	**Übung 2**	Wortschatz
72	**Übung 3, 4, 6**	Dialog
73	**Übung 5**	Aussprache
74	**Übung 9**	Grammatik
75	**Übung 11**	Kommunikation
76	**Übung 15**	Wortschatz
77	**Übung 16**	Kommunikation

15

78	**Übung 1**	Kommunikation
79	**Übung 3, 4, 6**	Dialog
80	**Übung 5**	Aussprache
81	**Übung 7**	Kommunikation
82	**Übung 9**	Wortschatz
83	**Übung 14**	Grammatik
84	**Übung 16**	Kommunikation
85	**Übung 19**	Wortschatz

16

86	**Übung 1**	Wortschatz
87	**Übung 2**	Wortschatz
88	**Übung 3, 4, 6**	Dialog
89	**Übung 5**	Aussprache
90	**Übung 7**	Kommunikation
91	**Übung 8**	Grammatik
92	**Übung 10**	Grammatik
93	**Übung 13**	Kommunikation
94	**Übung 15**	Kommunikation
95	**Übung 15**	Kommunikation

R4

96	**Übung 1**	Kommunikation
97	**Übung 3**	Kommunikation
98	**Übung 23**	Aussprache
99	**Übung 24**	Wortschatz

3 TRACK

CD 3

Vokabeltrainer

1	**A**	8	**H**	15	**O**	22	**V**
2	**B**	9	**I**	16	**P**	23	**Y**
3	**C**	10	**J**	17	**Q**	24	**Z**
4	**D**	11	**K**	18	**R**		
5	**E**	12	**L**	19	**S**		
6	**F**	13	**M**	20	**T**		
7	**G**	14	**N**	21	**U**		

1

TR. 03 **Übungen 3, 4, 7**

Chema: ¡Hola! Eres Rosita, ¿verdad?
Rosita: Sí, hola, buenos días, ¿qué tal?
Chema: Muy bien, gracias. Yo soy Chema, ¡bienvenida a casa! ¿Qué tal el viaje?
Rosita: Bien … pero es un poco largo … son nueve horas de viaje.
Chema: Claro, claro. Mira, éste es Jordi.
Rosita: ¡Encantada!
Jordi: ¡Mucho gusto!
Rosita: ¿Eres catalán?
Jordi: Sí.
Rosita: ¡Qué bien! Somos un piso muy interesante. Un español, un catalán y una mexicana.
Chema: Sí, es verdad. ¿Quieres ver el piso?
Rosita: Sí, con mucho gusto.

Chema: Hallo! Du bist Rosita, nicht wahr?
Rosita: Ja. Hallo, guten Tag, wie geht's?
Chema: Sehr gut, danke. Ich bin Chema, willkommen daheim! Wie war die Reise?
Rosita: Gut … Aber etwas lang … Die Reise dauert neun Stunden (wörtlich: Es sind neun Stunden Reise).
Chema: Stimmt, stimmt. Übrigens, das ist Jordi.
Rosita: Angenehm!
Jordi: Sehr erfreut!
Rosita: Bist du Katalane?
Jordi: Ja.
Rosita: Wie schön! Wir sind eine sehr interessante Wohngemeinschaft. Ein Spanier, ein Katalane und eine Mexikanerin.
Chema: Ja, das ist wahr! Willst du die Wohnung anschauen?
Rosita: Ja, sehr gerne.

TR. 07 **Übung 9**

Chema: Hola, ¿qué tal?
Rosita: Muy bien, gracias, ¿y tú?
Chema: Bien, bien. Mira, éste es Jordi.
Rosita: ¡Encantada!
Jordi: ¡Mucho gusto!

TR. 15 **Übung 17**

1. ¿Me llamas por teléfono? Mi número es el 35 06 87.
2. El número solicitado es el 364 09 82.
3. • Oye, ¿cuál es tu número de teléfono?
   ○ Es … es el 768 49 32.
4. • ¿Cuál es el número de Juana?
   ○ Es el 734 07 09.
5. • ¿Cuál es el número de la policía?
   ○ El … 907, creo.

2

TR. 18 **Übungen 3, 4, 7**

Chema: Mira, ésta es la cocina. Es pequeña, pero tiene de todo.
Rosita: ¡Qué linda!
Chema: Sí, es muy bonita. Y esto es el salón, aquí comemos y cenamos.

Chema: Schau mal, das ist die Küche. Sie ist klein, aber sie hat alles.
Rosita: Wie schön!
Chema: Ja, sie ist sehr schön. Und das hier ist das Wohnzimmer. Hier essen wir zu Mittag und zu Abend (wörtlich: wir essen und essen zu Abend).

Rosita: ¡Es muy grande! ¡Y luminoso! ¡Y también tenemos una terraza!
Chema: ¡Claro! Bueno, y ahora, los baños … Tenemos dos. Uno para los hombres, y otro para ti, la mujer de la casa.
Rosita: ¡Estupendo! ¡Un cuarto de baño para mí sola! ¡Qué lujo!
Chema: Y esto es mi cuarto … Está un poquito desordenado …
Rosita: Bueno … es tu cuarto, ¿no?
Chema: Ya … y, finalmente … ¡tu dormitorio!
Rosita: ¡Qué lindo! ¡Y tengo balcón!
Chema: Sí, y tienes un escritorio nuevo, una cama grande y un armario. ¿Necesitas algo más?
Rosita: Ahora sólo necesito mi cama … estoy muy cansada.
Chema: Claro, claro, es normal. Pero, ¿no quieres tomar nada?
Rosita: No, no … y muchas gracias por todo.
Chema: De nada. Entonces, ¡hasta luego!
Rosita: ¡Hasta luego, Chema!

Rosita: *Es ist sehr groß! Und hell! Und wir haben auch eine Terrasse!*
Chema: *Klar! Gut, und jetzt, die Badezimmer … Wir haben zwei. Eins für die Männer, und das andere für dich, die Frau des Hauses.*
Rosita: *Toll! Ein Badezimmer nur für mich! Was für ein Luxus!*
Chema: *Und das ist mein Schlafzimmer … Es ist ein bisschen unordentlich …*
Rosita: *Na ja … es ist (doch) dein Schlafzimmer, oder?*
Chema: *Ja … und zum Schluss … dein Schlafzimmer!*
Rosita: *Wie schön! Und ich habe (einen) Balkon!*
Chema: *Ja, und du hast einen neuen Schreibtisch, ein großes Bett und einen Schrank. Brauchst du noch etwas?*
Rosita: *Jetzt brauche ich nur mein Bett … Ich bin sehr erschöpft.*
Chema: *Klar, das ist normal. Aber möchtest du nichts trinken?*
Rosita: *Nein, nein… und vielen Dank für alles.*
Chema: *Nichts zu danken. Dann, bis später!*
Rosita: *Bis später Chema!*

3

1
TR. 30 Übungen 3, 4, 6

Agustín: ¡Buenas tardes!
Rosita: ¡Buenas tardes!
Agustín: Usted es la nueva vecina, ¿verdad?
Rosita: Sí, me llamo Rosita Yáñez.
Agustín: Yo soy Agustín Giménez. ¡Bienvenida!
Rosita: Muchas gracias, muy amable … Y usted, ¿cómo se llama?
Noelia: Noelia.
Agustín: Es mi hija. Oye, somos vecinos … nos podemos tratar de tú, ¿no?
Rosita: Por supuesto.
Noelia: ¿De dónde eres? Tienes un acento precioso … me gusta mucho.
Agustín: Sí, sí … ¡precioso!
▼

Agustín: *Guten Tag.*
Rosita: *Guten Tag.*
Agustín: *Sie sind die neue Nachbarin, nicht wahr?*
Rosita: *Ja, ich heiße Rosita Yáñez.*
Agustín: *Ich bin Agustín Giménez. Willkommen!*
Rosita: *Vielen Dank, sehr freundlich … Und Sie? Wie heißen Sie?*
Noelia: *Noelia.*
Agustín: *Sie ist meine Tochter. Hör mal, wir sind doch Nachbarn … wir können uns doch duzen, oder?*
Rosita: *Selbstverständlich.*
Noelia: *Woher bist du? Du hast einen wunderschönen Akzent … er gefällt mir sehr.*
Agustín: *Ja, ja, wunderschön!*
▼

Rosita: Gracias, gracias … Soy mexicana, de la capital.
Agustín: ¡Ah! ¡Me encanta México! ¡Es un país fantástico! ¿Y qué haces aquí en Madrid, Rosita?
Rosita: Trabajo en el Museo de Arte Moderno Reina Sofía, tengo una beca de investigación.
Agustín: ¡Qué interesante! ¿Y te gusta?
Rosita: Sí, mucho … Estoy muy contenta. Y tú Noelia, ¿qué haces?
Noelia: Pues …
Agustín: Noelia estudia Administración de Empresas en la universidad. ¡Es muy inteligente!
Noelia: Papá …
Agustín: Yo soy jefe del departamento de ventas de una empresa internacional …
Rosita: Ah, ya …
Agustín: Bueno, Rosita … Encantado de conocerte … Si necesitas algo, ¡ya sabes dónde vivimos!
Rosita: Muchas gracias, muy amable. ¡Adiós, Noelia, encantada!
Noelia: ¡Adiós! ¡Igualmente!
…
Noelia: Pero papá … ¡tú no conoces México!

Rosita: *Danke, danke … Ich bin Mexikanerin, aus der Hauptstadt.*
Agustín: *Ah! Ich liebe Mexiko! Es ist ein tolles Land! Und was machst du hier in Madrid, Rosita?*
Rosita: *Ich arbeite im Museum für moderne Kunst Reina Sofía. Ich habe ein Forschungsstipendium.*
Agustín: *Wie interessant! Und gefällt es dir?*
Rosita: *Ja, sehr … Ich bin sehr zufrieden. Und du, Noelia, was machst du?*
Noelia: *Also …*
Agustín: *Noelia studiert Betriebswirtschaft an der Universität. Sie ist sehr intelligent!*
Noelia: *Papa …*
Agustín: *Ich bin Leiter der Verkaufsabteilung einer internationalen Firma …*
Rosita: *Aha.*
Agustín: *Also, Rosita … nett, dich kennen zu lernen … Falls du etwas brauchst, du weißt ja, wo wir wohnen!*
Rosita: *Vielen Dank, sehr freundlich. Auf Wiedersehen Noelia, hat mich gefreut!*
Noelia: *Ebenso! Auf Wiedersehen!*
…
Noelia: *Aber Papa … du kennst doch Mexiko gar nicht!*

1 TR. 36 **Übung 14**

francés / francesa – suizo / suiza – chileno / chilena – inglés / inglesa – portugués / portuguesa – canadiense – sueco / sueca – belga

1 TR. 38 **Übung 16**

Felipe Iriarte: ¡Hola, buenos días!
Antonio Ramos: ¡Buenos días!
Felipe Iriarte: Yo soy el nuevo vecino. Me llamo Felipe Iriarte.
Antonio Ramos: Hola, yo soy Antonio Ramos.
Felipe Iriarte: ¿Es usted de Madrid?
Antonio Ramos: No, soy de Santiago de Chile.
Felipe Iriarte: Ah, ¡qué interesante! ¿Y qué hace usted aquí?
Antonio Ramos: Trabajo en una empresa chilena aquí en Madrid. ¿Y usted?
Felipe Iriarte: Yo soy economista y trabajo en un banco. Bueno, pues, mucho gusto, señor Ramos.
Antonio Ramos: Igualmente y adiós.
Felipe Iriarte: Hasta pronto.

4

1 TR. 41 Übungen 3, 5, 6

Charo: ¡Noelia! ¿Dónde está mi bolso?
Noelia: ¡Creo que está en la cocina, encima de la mesa!
Charo: ¡Ah, sí! Aquí está. ¡Ya lo tengo! Aquí está mi agenda … mi móvil… Pero … ¿y mi monedero? No lo veo. ¡Noelia! ¿Sabes dónde está mi monedero?
Noelia: No, no lo sé, mamá.
Charo: ¡Mi monedero nunca está en su sitio!
Noelia: Mamá, en esta casa vivimos cuatro personas: papá, tú, la abuela y yo. Quizá lo sabe la abuela …
Charo: ¡Abuela! … ¿Dónde está la abuela?
Noelia: ¡Ay, mamá! No lo sé … En su cuarto …
Charo: ¡Pues en su cuarto no está! ¡Qué raro!
Noelia: Pues quizá está en el parque con sus amigas.
Charo: ¡Ah! ¡Aquí está el monedero! Pero … ¡Falta dinero! ¡Faltan más de 40 euros! ¡Noelia! ¿Tú sabes dónde está mi dinero?
Noelia: ¡Siempre yo, siempre yo! ¡Yo no tengo tu dinero!
Charo: ¡En esta casa hay un ladrón!
Noelia: ¡En esta casa hay una madre nerviosa! ¡Tranquila, mamá!

Charo: Noelia! Wo ist meine Tasche?
Noelia: Ich glaube, sie liegt in der Küche, auf dem Tisch!
Charo: Ach ja! Hier liegt sie! Ich habe sie schon! Hier ist mein Terminkalender … mein Handy … Aber … und mein Geldbeutel? Ich sehe ihn nicht. Noelia! Weißt du, wo mein Geldbeutel ist?
Noelia: Nein, ich weiß es nicht, Mama.
Charo: Mein Geldbeutel ist nie an seinem Platz!
Noelia: Mama, in dieser Wohnung wohnen vier Personen: Papa, du, Oma und ich. Vielleicht weiß es Oma …
Charo: Oma! … Wo ist Oma?
Noelia: Ach Mama! Ich weiß es nicht … In ihrem Zimmer …
Charo: In ihrem Zimmer ist sie aber nicht! Komisch!
Noelia: Dann ist sie vielleicht im Park mit ihren Freundinnen.
Charo: Ach! Hier liegt der Geldbeutel! Aber … es fehlt Geld! Es fehlen über 40 Euro! Noelia! Weißt du, wo mein Geld ist?
Noelia: Immer ich! Ich habe dein Geld nicht!
Charo: In diesem Haus gibt es einen Dieb!
Noelia: In diesem Haus gibt es eine nervöse Mutter! Beruhige dich, Mama!

1 TR. 44 Übung 8

trabajo	como	vivo
trabajas	comes	vives
trabaja	come	vive
trabajamos	comemos	vivimos
trabajáis	coméis	vivís
trabajan	comen	viven

1 TR. 46 Übung 14

1. Noelia, ¿sabes dónde está mi monedero?
2. Yo no sé dónde está tu monedero, mamá.
3. Agustín no lo sabe.
4. Nosotros no sabemos dónde vive Nacho, ¿lo sabéis vosotros?
5. Ellos no saben dónde está el restaurante.

TR. 49 **Übung 17**

9 (nueve) – 36 (treinta y seis) – 20 (veinte) – 42 (cuarenta y dos) – 50 (cincuenta) – 13 (trece) – 21 (veintiuno) – 33 (treinta y tres) – 2 (dos) – 47 (cuarenta y siete) – 25 (veinticinco) – 14 (catorce) – 28 (veintiocho) – 4 (cuatro) – 30 (treinta) – 11 (once) – 49 (cuarenta y nueve) – 45 (cuarenta y cinco) – 19 (diecinueve) – 41 (cuarenta y uno) – 38 (treinta y ocho) – 7 (siete) – 12 (doce) – 35 (treinta y cinco) – 0 (cero) – 17 (diecisiete) – 5 (cinco) – 22 (veintidós) – 1 (uno) – 40 (cuarenta) – 24 (veinticuatro) – 6 (seis) – 39 (treinta y nueve) – 44 (cuarenta y cuatro) – 10 (diez) – 37 (treinta y siete) – 48 (cuarenta y ocho) – 32 (treinta y dos) – 18 (dieciocho)

Revision 1

TR. 51 **Übung 3**

¿Ustedes saben de dónde son ellos?

TR. 54 **Übung 19**

40 (cuarenta) – 14 (catorce) – 4 (cuatro) – 15 (quince) – 5 (cinco) – 50 (cincuenta) – 27 (veintisiete) – 73 (setenta y tres) – 37 (treinta y siete)

TR. 52 **Übung 5**

1. ¿De dónde es usted?
2. ¿Qué hace tu hermano?
3. Oye, ¿cómo te llamas?
4. ¿Dónde viven tus primos?

TR. 56 **Übung 22**

Diego: ¡Hola, buenos días! Me llamo Diego.
Elena: Yo soy Elena Olivares.
Diego: Eres la nueva secretaria, ¿verdad?
Elena: Pues sí.
Diego: Mucho gusto, Elena.
Elena: Encantada.
Diego: Yo trabajo en el departamento de exportación con Antonio y Pilar.
Elena: ¡Ah! ¡Qué bien!
Diego: Perdona, tú no eres de aquí …
Elena: No, soy de Valladolid.
Diego: ¿Ah, sí? Yo tengo familia allí.
Elena: ¿Conoces la ciudad?
Diego: No, todavía no.
Elena: Es una ciudad muy bonita. Me gusta mucho.
Diego: Y Valencia … ¿te gusta?
Elena: También, por supuesto.
Diego: Oye, ¿quieres tomar algo en la cafetería?
Elena: Con mucho gusto.
Diego: ¿Ya conoces al jefe?
Elena: Sí, es una persona muy amable …

5

1 TR. 57 **Übung 1**

1. Por la noche me gusta tomar algo en un bar.
2. El fin de semana siempre voy a bailar.
3. Por la tarde me gusta dar un paseo por el parque con mis amigas.
4. Nos encanta ir al cine.

1 TR. 59 **Übungen 3, 4, 5, 6**

Charo: ¡Buenas noches, abuela! ¿Dónde ha estado? ¡Es muy tarde!
Doña Amparo: Sí, lo siento, es que he estado toda la tarde con mis amigas. Nos hemos divertido mucho.
Charo: ¿Ah, sí? ¿Y qué han hecho?
Doña Amparo: Muchas cosas … Primero, hemos dado un paseo por el parque. Después hemos tomado unas tapas en el bar de Paco y finalmente hemos visto una película en el cine.
Charo: ¡Qué activas! ¿Y qué película han visto?
Doña Amparo: Una de Pedro Almodóvar, "Todo sobre mi madre".
Charo: ¿Y qué tal? ¿Le ha gustado, abuela?
Doña Amparo: ¡Mucho! ¡Me ha encantado! Pero ahora estoy cansada. ¡Tengo mucho sueño! Me voy a la cama. ¡Buenas noches!

…

Noelia: ¡Hola, mamá!
Charo: ¡Hola, hija! ¡Qué tarde llegas!
Noelia: Es que he estado con Chema en el bar de Paco. ¡Hemos pasado la tarde allí!
Charo: ¿Quién es Chema?
Noelia: El vecino. Nos hemos encontrado en la calle y me ha invitado a tomar algo. Es un chico un poco tímido, pero muy amable y muy interesante.

▼

Charo: Guten Abend, Großmutter! Wo sind Sie gewesen? Es ist sehr spät!
Doña Amparo: Ja, es tut mir Leid, ich war nämlich den ganzen Abend mit meinen Freundinnen zusammen. Wir hatten viel Spaß.
Charo: Ach ja? Und was haben Sie gemacht?
Doña Amparo: Vieles … Zuerst haben wir einen Spaziergang durch den Park gemacht. Dann haben wir ein paar Tapas in Pacos Bar gegessen und zum Schluss haben wir einen Film im Kino gesehen.
Charo: Ganz schön aktiv! Und was für einen Film haben Sie gesehen?
Doña Amparo: Einen von Pedro Almodóvar, „Alles über meine Mutter".
Charo: Und wie war's? Hat er Ihnen gefallen, Großmutter?
Doña Amparo: Sehr! Er hat mir sehr gefallen! Aber jetzt bin ich erschöpft. Ich bin sehr müde! Ich gehe ins Bett. Gute Nacht!

…

Noelia: Hallo Mama!
Charo: Hallo Kind! Du kommst aber spät nach Hause!
Noelia: Ja … ich war nämlich mit Chema in Pacos Bar. Wir haben dort den Abend verbracht!
Charo: Wer ist Chema?
Noelia: Der Nachbar. Wir haben uns unten auf der Straße getroffen und er hat mich eingeladen, etwas zu trinken. Er ist ein etwas schüchterner Junge, aber sehr nett und sehr interessant.

▼

Charo: ¿Y no has visto a la abuela en el bar de Paco?
Noelia: No, no la he visto.
Charo: ¿De verdad? Pues ella también ha estado allí. ¡Qué raro!

Charo: *Und hast du Großmutter nicht in Pacos Bar gesehen?*
Noelia: *Nein, ich habe sie nicht gesehen.*
Charo: *Wirklich? Sie ist aber auch dort gewesen. Merkwürdig!*

1 TR. 62 Übung 12

1. • ¿Qué habéis hecho hoy?
   ○ Hoy hemos ido de compras al centro.
2. • ¿Adónde han ido ustedes esta mañana?
   ○ Esta mañana hemos ido a nadar a la piscina.
3. • ¿Has hecho deporte esta semana?
   ○ Sí, esta semana he hecho mucho deporte.
4. • ¿Has estado en los Pirineos este año?
   ○ Sí, este año he esquiado allí un par de veces.
5. • ¿Has leído algún libro recientemente?
   ○ Sí, este mes he leído la última novela de Isabel Allende.

1 TR. 66 Übung 17

1. • Oye, ¿qué número de teléfono tienes?
   ○ Mi número es el 8 77 90.
2. • Necesito su número de teléfono, por favor.
   ○ Sí, con mucho gusto. Es el 91 83 72 0 38.
3. • ¿Tu amigo tiene móvil?
   ○ ¡Claro!
   • ¿Sabes el número?
   ○ Es el 63 60 10 3 96.
4. • ¿Le llamamos por teléfono?
   ○ Vale.
   • ¿Tienes su número?
   ○ Sí. Lo tengo aquí. Es el 5 23 89 59.
5. • ¿Cuál es tu número de teléfono?
   ○ Mi número es el 941677685.
   • ¿Puedes repetir, por favor?
   ○ Sí. Lo siento. Es el 9 41 67 76 85.

6

1 TR. 69 Übung 3, 4, 6

Noelia: ¡Hola, buenos días!
Vendedor: ¡Buenas! ¿Qué te pongo?
Noelia: Quería un kilo de manzanas y tres de naranjas. ¡Ah! y me pone también unos 300 gramos de pistachos, por favor.
Vendedor: Son 320 gramos, ¿está bien?
▼

Noelia: *Hallo, guten Tag!*
Verkäufer: *Guten Tag! Was darf es sein? (wörtlich: Was gebe ich dir?)*
Noelia: *Ich hätte gern ein Kilo Äpfel und drei Kilo Orangen. Ah! Und geben Sie mir auch etwa 300 Gramm Pistazien, bitte.*
Verkäufer: *Es sind 320 Gramm, ist das in Ordnung?*
▼

Noelia: Vale, está bien.
Vendedor: Pues aquí tienes. ¿Algo más? ¿Quieres unas fresas? ¡Están muy buenas!
Noelia: ¿Puedo probarlas?
Vendedor: Por supuesto.
Noelia: ¡Mmmm! ¡Qué ricas están! ¿Me pone medio kilo?
Vendedor: Muy bien. ¿Es todo?
Noelia: Sí … ¿Cuánto es?
Vendedor: Son 13 euros 50.
Noelia: ¡Uf! No es barato, ¿eh?
Vendedor: Es que sólo tenemos productos biológicos. Son un poco más caros, pero de mejor calidad.
Noelia: ¡Ah, por eso! Bueno, aquí tiene.
Chema: ¡Hola, Noelia!
Noelia: ¡Hola, Chema! ¿Tú también de compras?
Chema: Sí … Hoy tengo que cocinar yo y me faltan algunas cosas.
Noelia: Muy bien …
Chema: Oye, Noelia, ¿por qué no vamos mañana por la tarde al cine?
Noelia: Mañana es domingo … Lo siento, Chema, pero no puedo. Ya he quedado. Mejor el lunes. ¿Te va bien?
Chema: ¿El lunes? Vale, pero sólo puedo por la noche. El lunes quiero terminar un diseño.
Noelia: Perfecto, entonces quedamos el lunes por la noche. ¿Cuándo? ¿A las diez?
Chema: A las diez me va bien.

Noelia: *In Ordnung, ist gut.*
Verkäufer: *So! Hier, bitte (wörtlich: Hier hast du). Noch etwas? Willst du ein paar Erdbeeren? Sie sind sehr gut!*
Noelia: *Darf ich sie probieren?*
Verkäufer: *Natürlich.*
Noelia: *Wie lecker sie sind! Geben Sie mir ein halbes Kilo?*
Verkäufer: *Sehr schön. Ist das alles?*
Noelia: *Ja … Was macht das?*
Verkäufer: *13 Euro 50.*
Noelia: *Hoppla! Das ist aber nicht billig …*
Verkäufer: *Weil wir nur Bioprodukte haben. Sie sind ein wenig teurer, aber von besserer Qualität.*
Noelia: *Aha, deswegen! Na gut, hier, bitte (wörtlich: hier haben Sie).*
Chema: *Hallo Noelia!*
Noelia: *Grüß dich Chema! Du auch beim Einkaufen?*
Chema: *Ja … Heute muss ich kochen und mir fehlen noch ein paar Sachen.*
Noelia: *Sehr schön …*
Chema: *Hör mal, Noelia, wie wär's, wenn wir morgen Abend ins Kino gehen?*
Noelia: *Morgen ist Sonntag … Es tut mir Leid, Chema, aber da kann ich nicht. Ich bin schon verabredet. Besser am Montag. Geht das bei dir?*
Chema: *Am Montag? In Ordnung, aber ich kann nur am späten Abend. Am Montag will ich eine Zeichnung fertig machen.*
Noelia: *Wunderbar, dann verbleiben wir für Montagabend. Wann? Um zehn?*
Chema: *Ja, um zehn passt mir gut.*

1 TR. 71 **Übung 7**

¿Qué te pongo?

1 TR. 76
Übung 13

1. • Oye, ¿qué hora es?
   ○ Son las seis menos cuarto.
2. • ¿A qué hora tienes que estar en la oficina?
   ○ A las ocho y media.
3. • Por favor, ¿tiene hora?
   ○ Sí, son las cuatro y cuarto.
4. • ¿Vamos a la piscina?
   ○ Vale, ¿a qué hora?
   • ¿Te va bien a las seis y cuarto?
5. • ¡Qué tarde es!
   ○ ¿A qué hora has quedado?
   • A las diez menos cuarto.

1 TR. 78
Übung 15

Manolo: Hola, Agustín.
Agustín: ¡Hombre, Manolo! ¿Cómo estás? ¿Qué tal la familia?
Manolo: Todos bien, gracias. Y tú, ¿qué tal?
Agustín: Bueno, esta semana he tenido mucho trabajo … pero ¡por fin es viernes!
Manolo: Sí, es cierto. Oye, Agustín, ¿por qué no salimos mañana a cenar con las mujeres?
Agustín: Lo siento, Manolo, mañana no podemos porque ya tenemos un compromiso pero, ¿qué tal si quedamos el domingo al mediodía?
Manolo: ¿El domingo? De acuerdo.
Agustín: Podemos ir a comer al restaurante nuevo del barrio.
Manolo: Es una buena idea. Bueno, y ¿a qué hora quedamos?
Agustín: ¿Os va bien a la una y media?
Manolo: Perfecto.
Agustín: Vale, pues quedamos el domingo a esa hora, ¿eh? Adiós, Manolo.
Manolo: Adiós, Agustín. Hasta el domingo.

1 TR. 80
Übung 18

Vendedor: A ver, ¿qué te pongo?
Chema: ¿Tiene tomates?
Vendedor: Por supuesto.
Chema: Entonces me pone un kilo de tomates para la ensalada …
Vendedor: ¿Algo más?
Chema: Zanahorias. Medio kilo, por favor.
Vendedor: Éstas están muy buenas. ¿Quieres una lechuga también?
Chema: ¡Ah, sí! Mejor me pone dos.
Vendedor: Pues dos lechuguitas.
Chema: También quería fresas. ¿Puedo probar una?
Vendedor: ¡Claro, hombre! Están muy ricas. Son del país.
Chema: Sí, y también muy baratas. ¿Me pone 500 gramos, por favor?
Vendedor: ¡Cómo no!
Chema: ¿Cuánto es todo?
Vendedor: Son 5 euros 30.
Chema: Aquí tiene. Adiós y gracias.
Vendedor: Adiós, Chema.

7

1 TR. 83 **Übungen 3, 5, 6**

Rosita: ¡Chema! ¡Jordi! Necesito su ayuda.
Chema y Jordi: ¿Sí?
Rosita: Hoy tengo una cita para cenar y no sé cómo llegar.
Chema: ¿Adónde tienes que ir?
Rosita: Voy a un restaurante en la calle Colón, número 67.
Chema: Mira, aquí tengo un plano de Madrid. No está lejos de aquí.
Jordi: ¿Cómo quieres ir, en metro o en autobús?
Rosita: Pues … el transporte más rápido. Supongo que el metro es mejor.
Chema: Sí, porque no tienes que hacer transbordo: la línea de metro es directa desde aquí.
Rosita: ¡Estupendo!
Chema: Tienes que bajar en la parada Tribunal y tomar la salida Fuencarral. Luego sigues todo recto por Fuencarral y giras a la derecha en la tercera bocacalle y ya estás en la calle Colón.
Jordi: ¡Es fácil!
Chema: Oye, Rosita, ¿y con quién has quedado?
Rosita: Con nadie en especial, con un compañero … digo … con unos compañeros de trabajo. ¡Tengo que irme! ¡Ya son las siete y he quedado a las ocho! ¡Gracias por su ayuda! ¡Adiós!
Chema: Oye, Jordi, ¿tú crees que es verdad que Rosita ha quedado con unos compañeros de trabajo?
Jordi: No sé … quizá ha conocido a un chico …
Chema: Me parece muy bien. No es fácil hacer amigos en una ciudad tan grande.
Jordi: Lo sé. ¡Conozco el problema!

Rosita: Chema! Jordi! Ich brauche eure Hilfe.
Chema und Jordi: Ja?
Rosita: Heute habe ich eine Verabredung zum Abendessen und ich weiß nicht, wie ich hinkomme.
Chema: Wo musst du denn hin?
Rosita: Ich gehe in ein Restaurant in der Straße Colón, Nummer 67.
Chema: Schau, hier habe ich einen Stadtplan von Madrid. Es ist nicht sehr weit von hier.
Jordi: Wie willst du denn hinfahren, mit der U-Bahn oder mit dem Bus?
Rosita: Na ja … (mit) dem schnellsten Verkehrsmittel. Ich nehme an, dass die U-Bahn besser ist.
Chema: Ja, weil du nicht umsteigen musst: die U-Bahn-Verbindung geht direkt von hier aus.
Rosita: Wunderbar!
Chema: Du musst an der Haltestelle Tribunal aussteigen und den Ausgang Fuencarral nehmen. Danach gehst du an Fuencarral entlang geradeaus und biegst rechts an der dritten Seitenstraße ab, dann bist du schon in der Straße Colón.
Jordi: Es ist ganz einfach!
Chema: Sag mal, Rosita, mit wem hast du dich eigentlich verabredet?
Rosita: Mit niemand Besonderem, mit einem Kollegen … besser gesagt … mit einigen Arbeitskollegen. Ich muss los! Es ist schon sieben Uhr und ich bin um acht verabredet! Vielen Dank für eure Hilfe! Tschüss!
Chema: Du, Jordi, glaubst du wirklich, dass Rosita eine Verabredung mit Arbeitskollegen hat?
Jordi: Ich weiß nicht … Vielleicht hat sie einen Jungen kennen gelernt …
Chema: Das finde ich prima. Es ist nicht leicht, in so einer großen Stadt Freunde zu finden.
Jordi: Ich weiß. Ich kenne das Problem!

TR. 85 **Übung 7**

¡Conozco el problema!

TR. 88 **Übung 12**

- Perdone, ¿sabe si hay una farmacia por aquí cerca?
- ○ Sí, tiene que seguir todo recto hasta el semáforo y después girar a la derecha.
- Muchas gracias.
- ○ De nada.

TR. 89 **Übung 16**

- Oiga, perdone, ¿para ir al Museo de Historia Natural?
- ○ Lo siento, no soy de aquí.
- Por favor, ¿me puede decir cómo ir al Museo de Historia Natural?
- ○ Está un poco lejos. Mire, primero tiene que girar en este semáforo a la izquierda y seguir todo recto hasta la Plaza de la Constitución. Allí toma la segunda calle a la derecha y, después de cruzar el puente, gira nuevamente a la izquierda. Sigue todo recto y a unos doscientos metros … allí está el museo, justo enfrente de la Biblioteca Municipal.
- Muchas gracias.
- ○ No hay de qué. ¡Adiós!

8

TR. 92 **Übungen 3, 5, 6**

Chema: Tiene que ser un regalo muy especial … Algo original y práctico.
Rosita: A ver … ¿Le gustan los cosméticos? ¡A mí me encantan!
Chema: A ella también, pero no me atrevo a comprárselos porque es una cosa muy personal.
Rosita: ¿Y su perfume favorito?
Chema: No sé cuál es.
Rosita: Ya … ¿Por qué no me hablas un poco de ella? ¿Cómo es su carácter, qué le gusta…?
Chema: Pues … Noelia es …, es …
Rosita: ¿Sí?
Chema: Es una chica supernatural … Un poco tímida, pero muy alegre cuando tiene confianza … Tiene muy buen gusto para vestir, pero no es nada presumida. Lleva siempre ropa sencilla pero moderna … y no le gustan nada las joyas ni la bisutería. Tampoco las necesita, porque tiene una elegancia natural, no sé cómo decirte … Es …, es …

▼

Chema: Es muss ein sehr besonderes Geschenk sein … Etwas Originelles und Praktisches.
Rosita: Mal sehen … Mag Sie Kosmetika? Ich liebe sie!
Chema: Sie auch, aber ich traue mich nicht, sie ihr zu kaufen, weil es etwas sehr Persönliches ist.
Rosita: Und ihr Lieblingsparfüm?
Chema: Ich weiß nicht, welches es ist.
Rosita: Ja … Warum erzählst du mir nicht etwas über sie? Wie ist ihr Charakter, was mag sie?
Chema: Also … Noelia ist … sie ist …
Rosita: Ja?
Chema: Sie ist ein total unkompliziertes Mädchen … Ein wenig schüchtern, aber sehr fröhlich, wenn sie Vertrauen hat … Sie hat einen sehr guten Geschmack bei der Kleidung, aber ist überhaupt nicht eitel. Sie trägt immer einfache Kleidung, aber modern … und Edelsteine und Modeschmuck mag sie überhaupt nicht. Sie braucht sie auch nicht, weil sie eine natürliche Eleganz hat, ich weiß nicht, wie ich dir's sagen soll … Sie ist …, sie ist …

▼

Rosita: ¡Simplemente perfecta! ¿Hace deporte?
Chema: Sí, le gusta bastante patinar.
Rosita: ¿Qué tal si le compramos unos patines en línea?
Chema: Ya tiene unos …
Rosita: Claro, claro … ¿Y un casco protector?
Chema: ¡Buena idea! Casco creo que no tiene. ¡Vamos a la tienda de deportes!

[En la tienda de deportes]

Vendedora: Hola, buenos días. ¿Les puedo ayudar en algo?
Rosita: Hola, buenos días, buscamos un casco protector.
Vendedora: ¿Para ir en moto?
Chema: No, para patinar.
Vendedora: ¡Ah, ya! Miren …, tenemos éste, por ejemplo.
Chema: ¿Cuánto cuesta?
Vendedora: 150 euros. Es muy ligero y de un material muy resistente.
Chema: ¡Uf! Es mucho dinero … ¿No tiene uno más económico?
Vendedora: Sí, claro. Éste cuesta 85 euros con 50 y tampoco está mal de calidad.
Chema: ¿Qué te parece, Rosita? Es un regalo original y práctico …
Rosita: Es lindo. Me gusta mucho el color …
Chema: ¡Vale! ¡Pues se lo compramos!

Rosita: Einfach perfekt! Treibt sie Sport?
Chema: Ja, sie geht gerne inlineskaten.
Rosita: Und wie wär´s, wenn wir ihr Inlineskates kaufen?
Chema: Sie hat schon welche …
Rosita: Klar … Und einen Schutzhelm?
Chema: Gute Idee! Ich glaube, einen Helm hat sie nicht. Gehen wir ins Sportgeschäft!

[Im Sportgeschäft]

Verkäuferin: Hallo, guten Tag. Kann ich Ihnen helfen?
Rosita: Hallo, guten Tag, wir suchen einen Schutzhelm.
Verkäuferin: Zum Motorrad fahren?
Chema: Nein, zum inlineskaten.
Verkäuferin: Ah ja! Schauen Sie … wir haben diesen, zum Beispiel.
Chema: Was kostet er?
Verkäuferin: 150 Euro. Er ist sehr leicht und aus sehr belastbarem Material.
Chema: Uff! Das ist viel Geld … Haben sie keinen preiswerteren?
Verkäuferin: Ja, natürlich. Dieser kostet 85,50 Euro und ist auch nicht von schlechter Qualität.
Chema: Was meinst du, Rosita? Es ist ein originelles und praktisches Geschenk …
Rosita: Er ist schön. Die Farbe gefällt mir sehr …
Chema: Gut! Wir kaufen ihn ihr!

1 TR. 94

Übung 7

Kunde: Perdone, ¿cuánto cuesta este casco protector?
Verkäuferin: 150 euros.
Kunde: Y los patines, ¿cuánto cuestan?
Verkäuferin: Los patines cuestan 200 euros.

1 TR. 96

Übung 16

1. Se lo tengo que decir mañana.
2. Os las queremos dar en casa.
3. Se la podéis comprar en el centro.
4. Te la quiero regalar por tu cumpleaños.
5. Me los tiene que dar hoy.
6. Nos lo puedes escribir aquí.

1 TR. 98 **Übung 18**

naranja – la vela – el móvil – amarillo – el ciclismo – un libro – azul – el footing – un ramo de flores – blanco – el montañismo – la agenda – verde – un casco protector – el patinaje – rojo – la equitación – el piragüismo – una caja de bombones – marrón

1 TR. 99 **Übung 19**

- ¿Qué hora es?
- ○ Son las dos.
- ¡Uf! Es demasiado tarde para ir a Correos. Me voy al centro comercial.

Revision 2

2 TR. 01 **Übung 2**

- Oiga, perdone, ¿me puede decir dónde está la Oficina de Información y Turismo?
- ○ Sí, mire, usted sigue todo recto por esta calle, gira en la segunda bocacalle a la izquierda y cruza la Plaza de Colón. Allí toma la segunda calle a la derecha; después gira a la izquierda en la primera bocacalle y a unos cien metros … allí tiene la oficina; está justo enfrente del Museo de Arte.
- Ehmmm … ¿me lo puede repetir, por favor?
- ○ Claro. Usted primero sigue recto y gira en la segunda bocacalle a la izquierda. Después cruza la Plaza de Colón, y toma la segunda calle a la derecha. Gira a la izquierda en la primera bocacalle y enfrente del Museo de Arte, allí está la oficina.
- Muchas gracias.
- ○ No hay de qué, señora.

Übung 14

2 TR. 05 **A**

1. • Perdone, ¿tiene hora?
   ○ Sí, son las doce y media.
2. • ¿A qué hora quedamos?
   ○ ¿Qué te parece a las dos y media?
3. • A la una y media tengo que estar en casa para comer.
   ○ Vale, entonces te llamo por teléfono.

2 TR. 06 **B**

1. • ¿Estás en la oficina a las seis menos cuarto?
   ○ Sí, sí, hoy estoy toda la tarde.
2. • Oye, perdona, ¿qué hora es?
   ○ Son las siete menos cuarto.
3. • ¿A qué hora quieres ir al cine?
   ○ A las seis y cuarto.

2 TR. 07 C

1. • ¿A qué hora ha llegado el avión?
   ○ A las catorce horas.
2. • ¿Tienes tiempo hoy?
   ○ ¡Por supuesto! ¿Te va bien a las cuatro y cuarto?
3. • ¿A qué hora habéis quedado?
   ○ A las cuatro menos cuarto.

2 TR. 08 **Übung 17**

1. El primer premio de la Lotería Nacional ha recaído en el número 89.576.
2. El número premiado de esta semana ha sido el 43.911.
3. El segundo premio de la Lotería Nacional corresponde al número 15.752.

Übung 19

2 TR. 09 **1.**

a. Le gusta jugar al tenis.
b. ¡Le gusta jugar al tenis!
c. ¿Le gusta jugar al tenis?

2 TR. 10 **2.**

a. ¡Han visto la película de Almodóvar!
b. Han visto la película de Almodóvar.
c. ¿Han visto la película de Almodóvar?

2 TR. 11 **3.**

a. ¿Tienes una cita para cenar?
b. ¡Tienes una cita para cenar!
c. Tienes una cita para cenar.

2 TR. 12 **4.**

a. ¡Vamos a la tienda de deportes!
b. ¿Vamos a la tienda de deportes?
c. Vamos a la tienda de deportes.

2 TR. 13 **5.**

a. Este casco cuesta mucho.
b. ¿Este casco cuesta mucho?
c. ¡Este casco cuesta mucho!

2 TR. 14 **6.**

a. ¿La idea le parece bien?
b. ¡La idea le parece bien!
c. La idea le parece bien.

2 TR. 15 **Übung 21**

1. ¿Habéis visto la última película de Almodóvar?
2. Estos plátanos son del país.
3. ¿Tú sabes dónde está la calle Cervantes?
4. ¿Qué tal si quedamos el miércoles?

9

2 TR. 16 **Übungen 3, 5, 6**

Agustín: ¡Charo! ¿Qué haces?
Charo: ¡Estoy preparando algo de cena! ¿No tienes hambre?
Agustín: Sí, bastante. Te ayudo; yo corto las patatas.
Charo: Muy bien. Aquí tienes el cuchillo. ¿Puedes cortar las cebollas también?
Agustín: Claro … Oye, Rosita, la nueva vecina, trabaja mucho, ¿verdad?
Charo: No sé … ¿Por qué lo dices?
Agustín: Porque a veces vuelve a casa muy tarde, de madrugada.
Charo: Sí … Noelia me ha comentado lo mismo … Quizás hace otras cosas por la noche …
Agustín: ¡Pero si trabaja en un museo! No sé, hay algo que no entiendo …
Charo: ¿En qué piensas? Seguro que tiene mucha vida social, muchos amigos.
Agustín: Sí, sí … Aquí tienes, ya lo he cortado todo … No sé, no sé; no es normal volver a casa siempre tan tarde.
Charo: ¡Pero bueno! ¿Desde cuándo te preocupas tú tanto por la vecina?
Agustín: ¿Yo? No me preocupo, es sólo curiosidad …
Charo: Ya, ya … Oye, cariño, ¿sabes dónde está Noelia?
Agustín: Está en su cuarto, con Chema. El chico le está enseñando un nuevo programa de ordenador.
Charo: Se llevan muy bien los dos … ¿Puedes preguntarle a Chema si quiere cenar con nosotros?
Agustín: Claro, por supuesto. A ti Chema te cae muy bien, ¿verdad?
▼

Agustín: *Charo! Was machst du?*
Charo: *Ich koche gerade etwas zum Abendessen! Hast du keinen Hunger?*
Agustín: *Doch, ziemlich. Ich helfe dir, ich schneide die Kartoffeln.*
Charo: *Sehr gut. Hier hast du das Messer. Kannst du bitte auch die Zwiebeln schneiden?*
Agustín: *Klar … Hör mal, Rosita, die neue Nachbarin, sie arbeitet sehr viel, oder?*
Charo: *Ich weiß nicht … Warum sagst du das?*
Agustín: *Weil sie manchmal sehr spät nach Hause kommt, gegen Morgen.*
Charo: *Ja … Noelia hat mir dasselbe erzählt … Vielleicht macht sie noch andere Dinge nachts …*
Agustín: *Aber sie arbeitet doch in einem Museum! Ich weiß nicht, es gibt etwas, das ich nicht verstehe …*
Charo: *Woran denkst du? Sicher ist sie gesellschaftlich eingebunden, hat viele Freunde.*
Agustín: *Ja, ja … So! Hier, ich habe schon alles geschnitten … Ich weiß nicht, ich weiß nicht, es ist nicht normal, immer so spät nach Hause zu kommen.*
Charo: *Jetzt hör mal! Seit wann kümmerst du dich so sehr um die Nachbarin?*
Agustín: *Ich? Ich kümmere mich nicht, es ist nur Neugier …*
Charo: *Ja, ja … Hör mal, Liebling. Weißt du, wo Noelia ist?*
Agustín: *Sie ist in ihrem Zimmer, mit Chema. Der Junge zeigt ihr gerade ein neues Computerprogramm.*
Charo: *Die beiden verstehen sich sehr gut … Kannst du Chema fragen, ob er mit uns zu Abend essen will?*
Agustín: *Klar, natürlich. Du magst Chema, nicht wahr?*
▼

Charo: Me parece buen chico. ¡Huy! ¡No tenemos vino! ¿Puedes bajar luego al súper y comprar un buen vino tinto?
Agustín: Yo prefiero cerveza … Traigo una botella de tinto y una de cerveza, ¿vale?

Charo: *Ich finde, er ist ein netter Junge. Ach! Wir haben keinen Wein! Kannst du nachher zum Supermarkt gehen und einen guten Rotwein kaufen?*
Agustín: *Ich mag lieber Bier … Ich bringe eine Flasche Rotwein und eine Flasche Bier mit, o.k.?*

2 TR. 18
Übung 7

Gastgeberin: ¿Qué prefieres para beber: agua o vino?
Gast: Yo prefiero un buen vino tinto, ¿y tú?
Gastgeberin: Yo tomo un agua.

2 TR. 19
Übung 8

1.
a. con mis compañeros de piso
b. con amigos
c. con la familia
d. con los colegas del trabajo

2.
a. la comida española
b. la comida italiana
c. la comida francesa
d. la comida mexicana

3.
a. un refresco
b. una cerveza
c. un buen vino
d. agua mineral

4.
a. plátanos
b. manzanas
c. fresas
d. naranjas

2 TR. 22
Übung 17

Chema: Bueno, primero tenemos que poner a calentar el aceite en la sartén.
Rosita: ¿Qué tipo de aceite utilizas?
Chema: Aceite de oliva; es el más sano. Pero también sirve otro tipo de aceite.
Rosita: ¡Muy bien!
Chema: Ahora pelamos las patatas y las cortamos así, ¿ves? ¿Puedes cortar tú la cebolla?
Rosita: ¡Claro! ¿En trozitos pequeños?
Chema: Sí, pequeños. Echamos la sal a las patatas y ahora que el aceite está caliente, las echamos en la sartén y las freímos, pero no del todo. Tienen que quedar un poquito blandas, ¿sabes?
Rosita: Ah, ya veo.
Chema: Ahora batimos los huevos en este bol. ¿Quieres probar tú?
Rosita: Con mucho gusto.

Chema: Sacamos las patatas de la sartén y las ponemos en el bol junto con los huevos y la cebolla cortada.
Rosita: Y se mezcla todo, ¿no?
Chema: Exacto. Ahora sacamos el aceite, echamos todo en la sartén y lo dejamos a baja temperatura durante unos minutos.
Rosita: Mmm, ¡qué bien huele!
Chema: ¿Verdad que sí? Ahora viene la parte difícil: tenemos que darle la vuelta a la tortilla con la ayuda de un plato y dejarla unos minutos más sobre el fuego. Ponemos la tortilla sobre el plato y ya está. ¿Qué? ¿Qué te parece?
Rosita: ¡Menuda tortilla! Chema, ¡eres un genio!
Chema: Muchas gracias, Rosita. Y ahora … ¡a cenar!

10

2 TR. 25 **Übungen 3, 5, 6**

Chema: ¡Paco! ¿Qué hay? ¿Nos pones una tapa de patatas bravas y una ración de chopitos?
Paco: ¡Enseguida! ¿Y para beber?
Jordi: Para mí una caña.
Chema: Y para mí un tinto. Oye, Jordi, ¿qué tal te van las prácticas en la empresa? ¿Estás contento?
Jordi: Estoy encantado. Hay muy buen ambiente.
Chema: Pero veo que te levantas siempre muy temprano para ir a trabajar, ¿no?
Jordi: Sí …, a las seis y media, es que en la empresa se empieza a trabajar a las ocho … Así tengo tiempo de afeitarme, desayunar, leer el periódico …
Chema: Pues yo siempre entro a trabajar una hora más tarde que tú. ¡Para mí a las seis y media es de noche todavía … !
Jordi: Para mí es duro también, pero la ventaja es que termino antes, excepto cuando tengo que hacer horas extras. Además, almuerzo sólo en media hora para poder salir incluso antes.
Chema: ¿Sólo media hora para comer? Es muy poco tiempo, ¿no?
Jordi: Bueno, es que se almuerza en la cantina, y la comida está ya preparada.
Chema: ¡Uf! ¡Comes también en la empresa!
▼

Chema: *Paco! Wie geht's? Gibst du uns bitte eine* ***Tapa*** *mit* ***Patatas bravas*** *und eine Portion Chopitos?*
Paco: *Sofort! Und zu trinken?*
Jordi: *Für mich ein (kleines) Bier.*
Chema: *Und für mich einen Rotwein. Sag mal, Jordi, wie läuft denn das Praktikum in der Firma? Bist du zufrieden?*
Jordi: *Ich bin sehr zufrieden. Dort ist eine sehr gute Stimmung.*
Chema: *Ich sehe aber, dass du immer sehr früh aufstehst, um zur Arbeit zu gehen, oder?*
Jordi: *Ja …, um halb sieben, in der Firma fängt man nämlich um acht an zu arbeiten … So habe ich Zeit, mich zu rasieren, zu frühstücken, die Zeitung zu lesen …*
Chema: *Also ich fange immer eine Stunde später als du an zu arbeiten. Für mich ist es um halb sieben noch Nacht … !*
Jordi: *Für mich ist es auch hart, aber der Vorteil ist, dass ich früher fertig bin, außer wenn ich Überstunden machen muss. Außerdem esse ich in nur einer halben Stunde, um noch früher gehen zu können.*
Chema: *Nur eine halbe Stunde zum Essen? Das ist sehr wenig Zeit, oder?*
Jordi: *Na ja, wir essen nämlich in der Kantine, und das Essen ist schon fertig.*
Chema: *Mensch! Du isst auch noch in der Firma!*
▼

Jordi: Sí, es más práctico y más barato que comer en casa porque, como ya te he dicho, así salgo antes y puedo aprovechar la tarde para hacer otras actividades.

Chema: Sí, tienes razón, aunque comer en tan poco tiempo es menos sano. Yo prefiero dormir un poco más y comer con más tranquilidad … Además, así salgo un poco de la empresa a mediodía y voy con los colegas a un restaurante cercano que tiene un menú muy bueno y económico.

Jordi: Sí, pero para mí comer mejor al mediodía no es tan importante como tener más tiempo libre. Así puedo hacer un poco de deporte después del trabajo, salir con amigos o, si estoy muy estresado, pasar la tarde tranquilamente en casa leyendo un libro o viendo la tele …

Chema: Ya, claro …, oye, Jordi, y hablando de otro tema, ¿verdad que Rosita se ha adaptado muy rápido al ritmo de vida madrileño? Vuelve muy tarde por las noches … seguro que tiene un novio.

Jordi: A mí no me ha dicho nada, pero yo la veo muy cansada. La verdad es que duerme poco. Por las mañanas se levanta pronto para ir al museo y se acuesta siempre muy tarde.

Chema: ¡Desde luego, cómo la controlamos! ¡Parecemos sus padres!

Jordi: Ja, das ist praktischer und günstiger als zu Hause zu essen, da ich so, wie gesagt, früher gehe und den Nachmittag nutzen kann, um andere Aktivitäten zu tun.

Chema: Schon, du hast Recht, obwohl es ungesünder ist, in so kurzer Zeit zu essen. Ich ziehe es vor, etwas länger zu schlafen und mit mehr Ruhe zu essen … Außerdem komme ich so mittags ein bisschen raus aus der Firma und gehe mit den Kollegen in ein nahe gelegenes Restaurant, das ein gutes und preiswertes Menü hat.

Jordi: Gut, aber mittags besser zu essen ist für mich nicht so wichtig, wie mehr Freizeit zu haben. So kann ich nach der Arbeit etwas Sport machen, mit Freunden ausgehen oder, wenn ich sehr gestresst bin, den Abend in Ruhe zu Hause verbringen, indem ich ein Buch lese oder fernsehe …

Chema: Ja, klar … sag mal, Jordi, etwas ganz Anderes, findest du auch, dass Rosita sich sehr schnell an den Lebensrhythmus von Madrid angepasst hat? Sie kommt nachts sehr spät heim … sicher hat sie einen Freund.

Jordi: Mir hat sie nichts gesagt, aber ich finde, sie sieht sehr müde aus (wörtlich: ich sehe sie sehr müde). Sie schläft auch wirklich wenig. Morgens steht sie früh auf, um ins Museum zu gehen, und sie geht immer sehr spät ins Bett.

Chema: Wie wir sie kontrollieren … ! Als wären wir ihre Eltern!

2 TR. 29 **Übung 16**

Entrevistador: Perdone, señor. Estamos haciendo una encuesta sobre los horarios y las costumbres de los españoles. ¿Puede responder a un par de preguntas?

Agustín: Sí, ¡claro! ¡Con mucho gusto!

Entrevistador: Muy bien. Usted, ¿a qué hora se levanta?

Agustín: Normalmente me levanto entre las siete y media y las ocho de la mañana.

Entrevistador: ¿Y a qué hora empieza a trabajar?

Agustín: Empiezo a las nueve de la mañana y trabajo hasta la una. Después almuerzo y vuelvo a la oficina a las dos.

▼

Entrevistador: ¿Almuerza en su casa?
Agustín: No, almuerzo en la cantina de la empresa; es más práctico que ir a comer a casa porque sólo tengo una hora.
Entrevistador: ¿Y a qué hora termina de trabajar?
Agustín: Pues casi siempre a las seis, pero a veces más tarde.
Entrevistador: ¿Lee el periódico todos los días?
Agustín: Sí, por supuesto.
Entrevistador: Y ya por último, ¿a qué hora se acuesta usted?
Agustín: Entre las doce y la una de la mañana.
Entrevistador: Eso ha sido todo. Muchas gracias por su ayuda.
Agustín: ¡No hay de qué!

11

2 TR. 32 **Übungen 3, 5, 6**

Noelia: ¡Hola, Rosita! ¡Qué casualidad!
Rosita: ¡Noelia! ¿Tú también aquí? ¿Qué te pasa?
Noelia: Sí, estoy resfriada y tengo un poco de fiebre. ¿Y tú qué tienes?
Rosita: No sé, pero me duelen las piernas, tengo siempre dolor de cabeza y me siento muy cansada …
Noelia: ¡Vaya! ¿Y no sabes qué puede ser? Parecen síntomas de estrés …
Rosita: Seguramente. Últimamente trabajo mucho y duermo muy poco.
Noelia: ¡Mujer! Eso no es sano. Es importante descansar … Hay que dormir siete horas como mínimo.
Rosita: Ya lo sé; Chema me dice lo mismo, pero de momento no tengo otra alternativa …
Noelia: Hablando de Chema …, el otro día os vi a los dos en el Centro Comercial San Isidro.
Rosita: Sí, sí … Esta semana estamos haciendo muchas compras … es que todavía necesitamos unas cosas para el piso.
Noelia: ¡Claro, claro! Chema es un chico muy simpático, ¿verdad?
Rosita: ¿A qué te refieres? Chema no es mi tipo. A mí me gustan morenos y altos.

▼

Noelia: Hallo Rosita! Was für ein Zufall!
Rosita: Noelia! Du auch hier? Was ist mit dir? (wörtlich: Was passiert dir?)
Noelia: Ja, ich bin erkältet und habe ein wenig Fieber. Und was hast du?
Rosita: Ich weiß nicht, aber meine Beine tun weh, ich habe immer Kopfschmerzen und fühle mich sehr müde …
Noelia: So ein Pech! Weißt du nicht, was es sein könnte (wörtlich: kann)? Das scheinen Stresssymptome (zu sein).
Rosita: Sicherlich. In letzter Zeit arbeite ich viel und schlafe sehr wenig.
Noelia: Aber Rosita! Das ist nicht gesund. Es ist wichtig sich auszuruhen … Man muss mindestens sieben Stunden schlafen.
Rosita: Das weiß ich schon, Chema sagt mir dasselbe, aber momentan habe ich keine andere Alternative …
Noelia: Da wir gerade von Chema sprechen, neulich sah ich euch beide im Einkaufszentrum San Isidro.
Rosita: Ja, genau … Diese Woche kaufen wir sehr viel ein … Wir brauchen nämlich noch einige Sachen für die Wohnung.
Noelia: Natürlich, natürlich! Chema ist ein sehr netter Junge, nicht wahr?
Rosita: Wie meinst du das? Chema ist nicht mein Typ. Mir gefallen große und dunkelhaarige (Männer).

▼

Noelia: ¿Como Jordi?
Rosita: ¡No! ¡Jordi es demasiado delgado! Pero los dos son encantadores… Estoy muy contenta; no es fácil encontrar compañeros de piso tan agradables.
Noelia: A mí también me gustaría ser independiente y compartir piso con amigos …
Rosita: Pero tu familia ésta cerca, ¡y la mía está tan lejos!
Noelia: ¡Sí, pero a veces es mejor NO tenerla tan cerca! ¡Huy, tengo que entrar ya! Bueno, Rosita, ¡hasta pronto y que te mejores!
Rosita: ¡Gracias! ¡Tú también!

Noelia: *Wie Jordi?*
Rosita: *Nein! Jordi ist mir zu schlank! Aber beide sind sehr nett … Ich bin sehr froh; es ist nicht leicht, so freundliche Mitbewohner zu finden.*
Noelia: *Ich würde auch gerne unabhängig sein und eine Wohnung mit Freunden teilen …*
Rosita: *Aber deine Familie ist in der Nähe, und meine ist so weit weg!*
Noelia: *Ja, aber manchmal ist es besser, sie nicht so nah zu haben! Huch! Ich muss schon rein! Also, Rosita, bis bald und gute Besserung!*
Rosita: *Danke, dir auch!*

2 TR. 39 **Übung 16**

Al cine / A un bar / A una fiesta / A un restaurante

En España / En México / En Cuba / En Chile

2 TR. 40 **Übung 17**

A mi burro, a mi burro
le duele la cabeza,
el médico le ha puesto
una gorrita negra,
una gorrita negra,
una gorrita negra,
zapatitos lila, la, la
zapatitos lila.

A mi burro, a mi burro
le duele la garganta,
el médico le ha puesto
una bufanda blanca,
una bufanda blanca,
una bufanda blanca,
una gorrita negra,
zapatitos lila, la, la,
zapatitos lila.

A mi burro, a mi burro
le duelen las orejas,
el médico le ha dicho
que las tenga muy tiesas,
que las tenga muy tiesas,
que las tenga muy tiesas,
una gorrita negra,
una bufanda blanca,
zapatitos lila, la, la,
zapatitos lila.

A mi burro, a mi burro
le duele el corazón,
el médico le ha dado
jarabe de limón,
jarabe de limón,
jarabe de limón,
una gorrita negra,
una bufanda blanca,
que las tenga muy tiesas,
zapatitos lila, la, la,
zapatitos lila.

A mi burro, a mi burro
le duelen las pezuñas,
el médico le ha dado
jarabe de lechuga,
jarabe de lechuga,
jarabe de lechuga,
una gorrita negra,
una bufanda blanca,
que las tenga muy tiesas,
jarabe de limón,
zapatitos lila, la, la,
zapatitos lila.

A mi burro, a mi burro
ya no le duele nada,
el médico le ha dado
jarabe de manzana,
jarabe de manzana,
jarabe de manzana,
una gorrrita negra,
una bufanda blanca,
que las tenga muy tiesas,
jarabe de limón,
jarabe de lechuga,
jarabe de manzana,
zapatitos lila, la, la,
zapatitos lila.

12

2 TR. 42 **Übung 2**

El otro día Chema me ayudó con el nuevo programa.
Ayer compré una estantería nueva.
Rosita me dijo ayer que se siente cansada.
El otro día hicimos una tortilla riquísima.

2 TR. 43 **Übungen 3, 4, 5**

Camarero: ¡Buenas noches! ¿Qué van a tomar?
Noelia: De primero nos trae una ensalada mixta y una ración de pulpo a la gallega. Y para mí, de segundo, bacalao al pil pil.
▼

Kellner: *Guten Abend! Was nehmen Sie?*
Noelia: *Als Vorspeise bringen Sie uns (bitte) einen gemischten Salat und eine Portion Krake nach galizischer Art. Und für mich als Hauptspeise Kabeljau mit Chili und Knoblauch.*
▼

Chema: Yo tomo de segundo chuletas de cordero a la brasa.
Camarero: Y para beber, ¿qué desean?
Noelia: Pues a mí me trae un vino blanco. ¿Cuál me recomienda?
Camarero: Tenemos uno del Penedés que está muy bueno.
Noelia: ¡Perfecto! Y también una botella de agua.
Chema: Para mí un tinto de la casa.
Camarero: Enseguida.

…
Noelia: El otro día vi a Rosita en el médico y hablamos un rato. Me contó que fuisteis juntos de compras.
Chema: Sí, sí. Fuimos a buscar un regalo para una amiga.
Noelia: ¿Ah, sí? Pues ella me dijo otra cosa. Me comentó que fuisteis a comprar algo para la casa.
Chema: También, también. Aprovechamos muy bien la tarde, compramos muchas cosas. Además, para mí Rosita fue una ayuda fantástica; tiene muy buen gusto para la decoración.
Noelia: Rosita y tú os lleváis muy bien, ¿verdad?
Chema: Sí, es muy maja. Es una chica que siempre está dispuesta a ayudar y siempre está de buen humor…
Noelia: Entonces, si es tan fantástica, ¿por qué no sales con ella en vez de perder el tiempo conmigo?
Chema: ¡Noelia! ¿Estás celosa?
Noelia: ¿Yo? ¿Yo, celosa? ¡En absoluto!
Chema: ¿Quieres saber qué hicimos ese día Rosita y yo? Rosita me ayudó a buscar tu regalo. ¡Felicidades! Esto es para ti.
Noelia: ¡Pero Chema! ¿Por qué te has molestado? ¿Qué es? ¡Un casco! ¡Qué bien! ¡Muchísimas gracias!
▼

Chema: Ich nehme als Hauptspeise gegrillte Lammkoteletts.
Kellner: Und zu trinken, was wünschen Sie?
Noelia: Also mir bringen Sie (bitte) einen Weißwein. Welchen empfehlen Sie mir?
Kellner: Wir haben einen aus dem Penedés, der sehr gut ist.
Noelia: Perfekt! Und auch eine Flasche Wasser.
Chema: Für mich einen Rotwein des Hauses.
Kellner: Sofort.

…
Noelia: Neulich sah ich Rosita beim Arzt und wir redeten eine Weile. Sie erzählte mir, dass ihr zusammen einkaufen wart.
Chema: Ja, genau. Wir suchten ein Geschenk für eine Freundin.
Noelia: Ach ja? Sie erzählte mir aber etwas Anderes. Sie erwähnte, dass ihr etwas für die Wohnung kauftet.
Chema: Auch, auch. Wir nutzten den Nachmittag sehr gut, wir kauften vieles. Außerdem war Rosita eine wunderbare Hilfe für mich, sie hat einen sehr guten Geschmack bei der Inneneinrichtung.
Noelia: Rosita und du … ihr versteht euch sehr gut, nicht war?
Chema: Ja, sie ist sehr nett. Sie ist ein Mädchen, das immer hilfsbereit und gut gelaunt ist …
Noelia: Na dann, wenn sie so toll ist, warum gehst du nicht mit ihr aus, statt deine Zeit mit mir zu vergeuden?
Chema: Noelia! Bist du eifersüchtig?
Noelia: Ich? Ich eifersüchtig? Überhaupt nicht!
Chema: Möchtest du wissen, was Rosita und ich an diesem Tag machten? Rosita half mir, dein Geschenk zu suchen. Herzlichen Glückwunsch! Das ist für dich.
Noelia: Aber Chema! Das wäre nicht nötig gewesen (wörtlich: Warum hast du dir solche Umstände gemacht?) Was ist es? Ein Helm! Wie schön! Tausend Dank!
▼

Chema: De nada, ¡celosa! Noelia, entre Rosita y yo no hay nada, sólo somos dos compañeros de piso que nos llevamos muy bien … A mí me gusta otra mujer …
Noelia: ¿Quién?
Chema: Mi vecina, una chica que vive en el piso de enfrente y que se llama Noelia …
Noelia: ¡Ay, Chema! ¡Cómo eres!

Chema: *Nichts zu danken, du eifersüchtige Frau, du! Noelia, zwischen Rosita und mir ist nichts. Wir sind nur Mitbewohner, die sich sehr gut verstehen … Mir gefällt eine andere Frau …*
Noelia: *Wer?*
Chema: *Meine Nachbarin, ein Mädchen, das in der Wohnung gegenüber wohnt und Noelia heißt …*
Noelia: *Chema! Du bist mir aber einer!*

2 TR. 48 **Übung 12**

Me comentó que fuisteis a comprar algo para la casa.
Aprovechamos muy bien la tarde.

2 TR. 52 **Übung 17**

Rosita: ¿A que no sabes dónde estuve el fin de semana pasado?
Amiga: ¿Dónde?
Rosita: En Salamanca. ¡Es una ciudad preciosa!
Amiga: ¿Fuiste con tus compañeros de piso?
Rosita: No, fui con unos compañeros de trabajo. Me invitaron y decidí acompañarlos.
Amiga: ¿Y … cómo fue todo?
Rosita: Muy bien. Salimos el viernes por la tarde y llegamos a las diez de la noche. Buscamos un hotel en el centro de la ciudad y después fuimos a cenar a un pequeño restaurante de la Plaza Mayor.
Amiga: Creo que es muy bonita, ¿verdad?
Rosita: Sí, sí; me gustó mucho. El sábado por la mañana visitamos la universidad y allí conocimos a unos chicos alemanes muy simpáticos. Comimos con ellos y después, por la tarde, visitamos la Catedral Nueva y otros monumentos importantes.
Amiga: Y el domingo, ¿qué hicisteis?
Rosita: Bueno, el sábado por la noche salimos a tomar algo, así que el domingo nos levantamos bastante tarde. Primero fuimos a desayunar; después dimos un paseo por la parte antigua de la ciudad, hicimos fotos y, al final, compramos unas cositas de recuerdo.
Amiga: ¿Y cuándo regresasteis a Madrid?
Rosita: Ese mismo día.
Amiga: Entonces lo pasaste bien, ¿no?
Rosita: Sí. ¡Fue una excursión realmente interesante!

2 TR. 53 **Übung 18**

Camarero: ¡Buenas tardes, señor!
Agustín: ¡Hola, buenas tardes! ¿Qué tienen hoy de menú?
Camarero: Pues de primero tenemos crema de espárragos, gazpacho y ensalada mixta y, de segundo, cordero asado con patatas, merluza a la cazuela y escalope de ternera.
Agustín: Me trae entonces la ensalada de primero y de segundo … merluza a la cazuela.
Camarero: Muy bien. ¿Y para beber?
Agustín: Vino blanco de la casa.
Camarero: Enseguida.
Agustín: Gracias.
…
Camarero: ¿Qué tal la merluza?
Agustín: Muy rica, gracias.
Camarero: ¿Desea tomar algo de postre? Hay fruta del tiempo, helado, flan, yogur, queso, arroz con leche,…
Agustín: Un helado. O mejor me trae el arroz con leche.
Camarero: Muy bien.
…
Camarero: ¿Desea algo más?
Agustín: Sí, un café solo y la cuenta, por favor.

Revision 3

2 TR. 55 **Übung 4**

Chema: Oye, Jordi, y esa chica … tu amiga … ¿cómo se llama?
Jordi: ¿Carmen?
Chema: Sí, Carmen, ¿cómo es?
Jordi: Es bastante alta y muy delgada. Tiene el pelo largo y liso de color castaño y los ojos castaños.
Chema: ¿Lleva gafas?
Jordi: No; bueno, yo nunca la he visto con gafas.
Chema: Entonces creo que no la conozco.

2 TR. 58 **Übung 19**

Yo me levanto normalmente a las nueve. Antes de desayunar hago media hora de footing por el parque de la ciudad. Cuando llego a casa, me ducho, me afeito y voy a desayunar al bar de Paco. Me encanta el café con churros, así que siempre me tomo uno grande. A continuación preparo el trabajo de la tarde hasta la hora de la comida. Como en casa y después me voy al periódico. Entro a trabajar a las cuatro y salgo a las once la noche. Cuando vuelvo a casa preparo algo de cena. Después de cenar salgo con los amigos a tomar unas copas, veo la televisión o leo un libro. Me suelo acostar entre la una y las dos de la mañana.

13

2 TR. 60 **Übung 2**

1. Charo no sabe dónde está la abuela; por eso está tan preocupada.
2. Estoy aburrido. Llevo desde las tres esperando al jefe para hablar con él.
3. Agustín está enfadado porque su hija ha llegado muy tarde.
4. Rosita está triste porque su familia está lejos.
5. Estoy enfermo. El médico me ha dicho que tengo gripe.
6. La abuela ha dado un largo paseo con las amigas y está agotada.
7. Noelia está contenta porque Chema le ha regalado un casco.

2 TR. 61 **Übungen 3, 4, 6**

Charo: ¡Noelia! ¿Sabes qué hora es? ¡La una de la noche!
Noelia: Sí, mamá … pero es que he salido con Chema a cenar a un restaurante y se nos ha hecho tarde.
Charo: ¡La próxima vez me avisas que vas a llegar más tarde! Así no me preocupo esperándote …
Noelia: Vale.
Charo: ¿Y qué tal la cena con Chema?
Noelia: ¡Fantástica! El restaurante era precioso y la comida estaba muy buena … Estaba llenísimo, eso sí, pero teníamos una mesa reservada. ¡Mira lo que me ha regalado Chema!
Charo: ¿Un casco?
Noelia: Sí, él sabe que me encanta patinar, y por eso me lo ha comprado.
Charo: Un regalo muy romántico para vuestra primera cita …
Noelia: ¡Mamá!
Charo: Es una broma … Oye, Noelia, ¿sabes dónde está la abuela? Todavía no ha llegado a casa …
Noelia: ¿No?
Charo: No, y estoy preocupada … No sé si llamar a la policía …
Noelia: ¡Mira, aquí llega la abuela!
Charo: ¡Abuela! ¡Qué horas son éstas de llegar a casa! ¡Estábamos preocupadísimas!
Doña Amparo: Eeeeh … he ido a dar un paseo con las amigas, y como la temperatura era tan agradable, nos hemos sentado en una terracita de la plaza a tomar algo.
Charo: ¡A su edad y a estas horas todavía en la calle!
Noelia: ¡Abuela!, ¡mira lo que me ha regalado Chema!
Doña Amparo: Muy bonito … ¿Y quién es Chema?
Noelia: El vecino … ¡es un chico majísimo!

▼

Charo: Noelia! Weißt du, wie spät es ist? Ein Uhr nachts!
Noelia: Ja, Mama … aber ich bin mit Chema in ein Restaurant zu Abend essen (aus)gegangen und es ist spät geworden.
Charo: Das nächste Mal sagst du mir Bescheid, dass du später kommst! So mache ich mir keine Sorgen, indem ich auf dich warte …
Noelia: O.k.
Charo: Und wie war das Abendessen mit Chema?
Noelia: Toll! Das Restaurant war wunderschön und das Essen war sehr lecker … Es war zwar sehr voll, aber wir hatten einen Tisch reserviert. Schau, was mir Chema geschenkt hat!
Charo: Einen Helm?
Noelia: Ja, er weiß, dass ich inlineskaten liebe, und deshalb hat er ihn mir gekauft.
Charo: Ein sehr romantisches Geschenk für eure erste Verabredung …
Noelia: Mama!
Charo: War nur ein Scherz … Hör mal, Noelia, weißt du, wo Großmutter ist? Sie ist noch nicht nach Hause gekommen …
Noelia: Nein?
Charo: Nein, und ich mache mir Sorgen … Ich weiß nicht, ob (ich) die Polizei anrufen (soll) …
Noelia: Schau, da kommt Großmutter!
Charo: Großmutter! Was ist das für eine Uhrzeit, um nach Hause zu kommen! Wir haben uns große Sorgen gemacht!
Doña Amparo: Hmmmm … ich war mit Freundinnen spazieren, und weil die Temperatur so angenehm war, haben wir uns auf einer (netten) Terrasse auf dem Platz hingesetzt, um etwas zu trinken.
Charo: In Ihrem Alter und zu dieser Zeit noch auf der Straße!
Noelia: Großmutter! Schau, was Chema mir geschenkt hat!
Doña Amparo: Sehr schön … Und wer ist Chema?
Noelia: Der Nachbar … Er ist ein sehr netter Junge!

▼

Doña Amparo: ¿Es tu novio?
Noelia: Abuela …
Doña Amparo: ¿Qué pasa? Cuando tenía tu edad, yo era una chica muy bonita y me encantaba ir a bailar a las verbenas y tenía muchos novios, ¡muchísimos!: uno para el lunes, otro para el martes, otro para el …
Charo: Claro, claro … Abuela, ¿quiere comer algo?
Doña Amparo: No, gracias, hija, ya he tomado algo en el bingo … digo, en el bar. Me voy a la cama. ¡Buenas noches!
Noelia y Charo: ¡Buenas noches, abuela!

Doña Amparo: Ist er dein Freund?
Noelia: Großmutter ….
Doña Amparo: Was ist? Als ich in deinem Alter war, war ich ein sehr schönes Mädchen und ich liebte es, auf den Dorffesten zu tanzen, und hatte viele Verehrer, sehr viele! Einen für den Montag, einen anderen für den Dienstag, einen anderen für den …
Charo: Ja, ja, Großmutter … Möchten Sie etwas essen?
Doña Amparo: Nein, danke, mein Kind, ich habe schon etwas im Bingo … in der Bar, meine ich, gegessen … Ich gehe ins Bett. Gute Nacht!
Noelia und Charo: Gute Nacht, Großmutter!

2 TR. 68 **Übung 17**

Eva: Hay que reconocer que la vida de estudiante no estaba nada mal, ¿verdad, María?
María: ¡Ni que lo digas, Eva! Yo por las mañanas iba a clase y después tenía todas las tardes libres para estudiar, salir con las amigas y hacer muchas otras cosas.
Eva: Yo también iba a clase por la mañana, pero tenía que trabajar por las tardes tres días a la semana.
María: ¿Ah, sí? ¿Y dónde trabajabas?
Eva: Trabajaba en una academia de idiomas. Daba clases de inglés a niños pequeños.
María: ¡Qué interesante! ¿Y dónde vivías?
Eva: Vivía en un piso cerca de la universidad con otras dos chicas.
María: ¿Y tenías que cocinar tú?
Eva: ¡Claro! En realidad, yo era la que me ocupaba de la comida y mis compañeras de piso hacían el resto, porque ellas no sabían cocinar. ¿Y tú?
María: Yo vivía con mis padres, así que no tenía que preocuparme de nada; claro que ayudaba siempre que podía.
Eva: ¡Qué suerte, chica!
María: Sí, pero tampoco podía organizar las fiestas que organizabais los que vivíais en pisos de estudiantes.
Eva: Sí, es cierto. Nosotras hacíamos muchas fiestas. Aquellas fiestas sí que eran divertidas; además, siempre venían unos chicos muy interesantes, ¡y muy guapos!
María: ¿No tenías novio cuando estabas en la universidad?
Eva: Bueno … sí, tenía un novio que estaba estudiando arquitectura en Barcelona, pero nos veíamos tan poco … ¿Y tú? ¿Tenías novio?
María: No, yo al principio no tenía novio, pero recuerdo que el primer año me gustaba mucho uno de mis compañeros de clase. Bueno, a mí, y a todas mis amigas. Fíjate que hasta los otros chicos sentían celos de él.
Eva: ¿De verdad?
María: Sí, sí, es que ese chico tenía algo muy especial; era …

2 TR. 69 **Übung 18**

- ¿Qué tal vuestro viaje por España? ¿Tuvisteis buen tiempo?
- ○ Ya sabes tú que en el norte siempre llueve mucho, pero esta vez tuvimos suerte porque no llovió nada. En Madrid hacía sol, aunque hacía bastante frío. En el sur, en Andalucía, estaba un poco nublado pero la temperatura era agradable …
- ¿Y en Valencia?
- ○ Bueno, en Valencia hacía muchísimo viento y hacia el norte, en Cataluña, había algo de niebla.
- ○ ¿ Y no fuisteis a los Pirineos?
- Sí, por supuesto, pero todavía no había suficiente nieve para poder esquiar.

14

2 TR. 70 **Übung 1**

1. • ¿Qué tal si tomamos pollo con mole?
   ○ ¿Mole? ¿Qué es mole?
   • Es una salsa mexicana hecha con chile, muchas especias, cacahuetes y chocolate.
2. • A mí lo que más me gusta de la comida mexicana son las quesadillas.
   ○ ¿Qué son quesadillas?
   • Son tortillas de maíz con queso dobladas por la mitad; pueden estar rellenas de muchas cosas y llevan un poco de salsa de chile.
3. • En este restaurante preparan unas enchiladas riquísimas.
   ○ ¿Y qué es una enchilada?
   • Pues es una tortilla de maíz rellena de carne y cubierta con mucha salsa de chile.
   ○ ¡Suena muy bien!
4. • ¿A ti te gusta el chile con carne?
   ○ ¿Ese plato de carne y chile con frijoles? ¡Me encanta!
5. • ¿Qué te parece si pedimos pozole?
   ○ ¿Pozole?
   • Sí, es un guiso de maíz con carne y chile.
   ○ De acuerdo.
6. • Camarero, por favor, ¿me puede decir qué son burritos?
   ○ Los burritos son tortillas de trigo enrolladas, rellenas de carne o de pollo; llevan también frijoles, arroz, queso …

2 TR. 72 **Übungen 3, 4, 6**

Agustín: Oye, ¡qué bien decorado está este restaurante!
Charo: Sí, y está lleno; eso siempre es buena señal. Mira, aquí está la carta. A ver … ¿qué son burritos?
Agustín: No sé. Vamos a llamar al camarero; yo prefiero saber qué es cada plato antes de pedir.
▼

Agustín: *Schau mal, wie schön dieses Restaurant eingerichtet ist!*
Charo: *Ja, und es ist voll, das ist immer ein gutes Zeichen. Schau, hier ist die Karte. Mal sehen … was sind denn **Burritos**?*
Agustín: *Weiß ich nicht, lass uns den Kellner rufen. Ich ziehe es vor zu wissen, was jedes Gericht ist, bevor ich bestelle.*
▼

Charo: Agustín, ¿recuerdas cuando estuvimos en Thailandia en aquel restaurante tan exótico y pedimos sin saber qué eran las cosas?

Agustín: ¡Pues claro que lo recuerdo! Aquella cena fue una experiencia inolvidable. Además, recuerdo que era una noche muy cálida y que estábamos muy cansados, pero tú no quisiste quedarte en el hotel y propusiste salir en busca de aventuras.

Charo: Confiesa que nos divertimos mucho, especialmente esa noche. ¡Es una de tus anécdotas favoritas!

Agustín: Sí, sí, pero ahora, ¡venga!, vamos a pedir que tengo mucha hambre. Ya viene la camarera … ¡Vaya! ¡Pero si es Rosita!

Rosita: ¡Charo, Agustín! ¡Qué sorpresa! ¿Les gusta la comida mexicana?

Agustín: Pero Rosita, ¿trabajas aquí? ¡Pensaba que trabajabas en un museo!

Rosita: Y es verdad, pero los pasajes para México son muy caros, y tengo que ganar más plata si quiero visitar a mi familia.

Charo: Debes acabar agotada después de una jornada tan larga e intensa. ¿Estás aquí todos los días?

Rosita: Sólo tres días por semana. Al principio trabajaba toda la semana, pero era demasiado para mí; entonces decidí pensar un poco más en mi salud. Pero bueno, díganme qué desean para cenar.

Agustín: Es que no sabemos qué son burritos, ni pollo con mole, ni …

Rosita: Los burritos son una variedad de la tortilla, pero la tortilla mexicana, no la española. Se hacen con harina de trigo y están rellenos de carne, pollo …
El mole es una salsa que lleva diferentes chiles, muchas especias, cacahuetes y chocolate.

▼

Charo: *Agustín, erinnerst du dich, als wir in Thailand in diesem ganz exotischen Restaurant waren und wir bestellten, ohne zu wissen, was alles war?*

Agustín: *Aber natürlich erinnere ich mich! Dieses Abendessen war ein unvergessliches Erlebnis. Ich erinnere mich auch, dass die Nacht sehr warm war und dass wir sehr müde waren, aber du wolltest nicht im Hotel bleiben und schlugst vor, auf Abenteuersuche zu gehen.*

Charo: *Gib zu, dass wir sehr viel Spaß hatten. Besonders in dieser Nacht, es ist eine deiner Lieblingsanekdoten!*

Agustín: *Ja, ja, aber komm jetzt, lass uns bestellen, denn ich habe großen Hunger. Die Kellnerin kommt schon … Mensch! Das ist ja Rosita!*

Rosita: *Charo, Agustín! Was für eine Überraschung! Mögt ihr mexikanisches Essen?*

Agustín: *Aber Rosita, arbeitest du hier? Ich dachte, du arbeitest in einem Museum!*

Rosita: *Das stimmt auch, aber die Flugscheine nach Mexiko sind sehr teuer und ich muss mehr Geld verdienen, wenn ich meine Familie besuchen will.*

Charo: *Nach so einem langen und intensiven Arbeitstag musst du sicher erschöpft sein (wörtlich: enden). Bist du jeden Tag hier?*

Rosita: *Nur drei Tage in der Woche. Am Anfang arbeitete ich hier die ganze Woche, aber es war zu viel für mich, dann beschloss ich, etwas mehr auf meine Gesundheit zu achten. Aber … sagt mir doch, was ihr zum Abendessen wünscht.*

Agustín: *Wir wissen aber nicht was* ***Burritos*** *sind, oder* ***Pollo con mole****, oder …*

Rosita: *Burritos sind eine Art von* ***Tortilla****, aber die mexikanische* ***Tortilla****, nicht die spanische. Sie werden mit Maismehl gemacht und gefüllt mit Fleisch, Hühnchen …*
Mole *ist eine Soße mit verschiedenen Chilis, vielen Gewürzen, Erdnüssen und Schokolade.*

▼

Charo: ¡Chocolate en una salsa y con pollo! ¡Qué original! Rosita, ¿qué tal si eliges tú y nos traes algo bien rico?
Rosita: Muy bien. ¡De acuerdo!
Charo: ¿Ves, Agustín? ¡Ya se ha resuelto el misterio de la vida nocturna de Rosita! ¡Trabaja en un restaurante!
Agustín: ¡Pues sí … !

2 TR. 75

Übung 11

Rosita: Oye, Jordi, ¿tú has estado alguna vez en Cuba?
Jordi: Yo no, pero mi abuelo estuvo muchos años viviendo allí.
Rosita: ¿Ah, sí?
Jordi: Sí. En realidad la historia de Cuba tiene mucho de historia de amor. ¿La quieres oír?
Rosita: ¡Por supuesto!
Jordi: Bien, pues fue así: mi abuelo tenía 18 años cuando se marchó a Cuba. El caso es que estuvo diez años trabajando en La Habana y, justo cuando iba a regresar a España, conoció a una chica cubana de la que se enamoró perdidamente. Se llamaba Leonora. Mi abuelo quería casarse con ella y traérsela a vivir aquí, pero los padres de la chica no estaban de acuerdo. Al final, mi abuelo decidió regresar a España sin la tal Leonora, confiando en que ella le seguiría, pero ella prefirió casarse con un rico empresario de la capital. Ya en España, mi pobre abuelo seguía pensando y pensando en su antigua novia, hasta que un buen día, precisamente en Madrid, conoció a la verdadera mujer de su vida: una chica guapa, simpática, inteligente, …
Rosita: Tu abuela.
Jordi: ¡Exacto! Al poco tiempo se casaron y se fueron a vivir a Barcelona. ¡Y de eso hace ya medio siglo!
Rosita: ¡Vaya historia, Jordi!

Charo: *Schokolade in einer Soße und mit Hühnchen! Wie originell! Rosita, wie wäre es, wenn du entscheidest und uns etwas ganz Leckeres bringst?*
Rosita: *Sehr gut, einverstanden!*
Charo: *Siehst du, Agustín? Jetzt ist das Rätsel über das Nachtleben von Rosita gelöst! Sie arbeitet in einem Restaurant!*
Agustín: *Tja!*

2 TR. 77

Übung 16

Charo: Ayer tu padre y yo fuimos a cenar a este restaurante mexicano de la calle Colón … ¿cómo se llama?
Noelia: ¿Puebla?
Charo: Sí, eso es, Puebla.
Noelia: ¿Y qué tal?
Charo: Muy bien. Había un ambiente muy agradable. ¿Sabes a quién vimos en el restaurante?
Noelia: ¿A quién?
Charo: A Rosita, la vecina.
Noelia: Ah, sí, es verdad. Está trabajando allí de camarera, ¿no?
Charo: ¿Y tú cómo lo sabes?
Noelia: Porque me lo comentó el otro día.
Charo: El caso es que tu padre y yo estábamos esperando al camarero, cuando de repente apareció ella para atendernos. ¡Qué sorpresa nos llevamos!
Noelia: Bueno, ¿y qué comisteis?
Charo: Tomamos pozole.
Noelia: Po … ¿qué?
Charo: Pozole, un guiso de carne y maíz, que estaba riquísimo.

15

2 TR. 79 **Übungen 3, 4, 6**

Noelia: Mamá, ¿me pasas la sal? Es que el pollo está un poco soso.
Charo: Sí, toma. Agustín, ¿puedes traer un poco más de pan?
Agustín: Enseguida.
Doña Amparo: Noelia, ¿tú no querías hacer un curso de inglés en Londres?
Noelia: Sí, pero es muy caro. Entre el vuelo, el alojamiento, la matrícula … ¡Buf! No sé cómo conseguir tanto dinero.
Doña Amparo: No te preocupes por el dinero. Yo te lo pago.
Noelia: ¿De verdad? ¡Qué alegría! Mañana voy a hacer la reserva en la academia.
Doña Amparo: Charo, esta mañana he pasado por la perfumería y te he comprado tu perfume favorito y un par de cremas.
Charo: ¡Muchas gracias, abuela! ¿Pero qué pasa que está tan generosa? ¿Le ha tocado la lotería?
Doña Amparo: Algo parecido. Esta tarde he ganado mucho dinero en el bingo.
Agustín: ¡Pero mamá! ¿Tú vas al bingo?
Doña Amparo: Bueno, voy de vez en cuando con las amigas.
Charo: ¿Desde cuándo tiene usted esa afición?
Doña Amparo: Mujer, no es una afición. Empezamos hace medio año aproximadamente. Fuimos una vez porque estábamos aburridas y, como ganamos un poquito de dinero, nos gustó y repetimos.
Agustín: ¿Y de dónde sacas el dinero, mamá?
Doña Amparo: Pues, yo no gasto mucho… Pero algunas veces he cogido dinero del bolso de Charo.

▼

Noelia: Mama, reichst du mir bitte das Salz? Das Hühnchen schmeckt nämlich etwas fad.
Charo: Ja, nimm. Agustín, kannst du (bitte) noch ein bisschen Brot bringen?
Agustín: Sofort.
Doña Amparo: Noelia, wolltest du nicht einen Englischkurs in London machen?
Noelia: Ja, aber er ist sehr teuer. Zwischen Flug, Unterkunft, Anmeldung … ach! Ich weiß nicht, wie ich so viel Geld auftreiben soll …
Doña Amparo: Mach dir keine Sorgen wegen des Geldes. Ich bezahle es dir.
Noelia: Echt? Ich freu' mich riesig! Morgen mache ich die Anmeldung in der Schule.
Doña Amparo: Charo, heute morgen bin ich in der Parfümerie vorbei und habe dir dein Lieblingsparfüm und einige (Haut)cremes gekauft.
Charo: Vielen Dank, Großmutter! Aber was ist los, warum so großzügig? Haben Sie im Lotto gewonnen?
Doña Amparo: Etwas Ähnliches. Heute Nachmittag habe ich sehr viel Geld im Bingo gewonnen.
Agustín: Aber Mama! Du gehst zum Bingo?
Doña Amparo: Na ja, ich gehe ab und zu mit meinen Freundinnen.
Charo: Seit wann haben Sie dieses Hobby?
Doña Amparo: Na ja, es ist eigentlich kein Hobby. Wir haben ungefähr vor einem halben Jahr angefangen. Wir gingen einmal hin, weil wir uns langweilten, und da wir ein wenig Geld gewannen, gefiel es uns und wir gingen wieder hin (wörtlich: wir wiederholten).
Agustín: Mutter, woher nimmst du das Geld?
Doña Amparo: Na ja … ich gebe nicht viel aus … Aber manchmal habe ich Geld aus Charos Tasche genommen.

▼

Charo: ¡Así que era usted! Ahora entiendo por qué me desaparecía dinero del bolso. Pero Amparo, a su edad ...

Doña Amparo: Ya lo sé, hija mía; perdóname, lo siento mucho; es que no lo puedo controlar. Pero pienso devolvértelo todo, de verdad.

Agustín: Bueno, mamá, ¿y qué vas a hacer con todo ese dinero?

Doña Amparo: Pues quiero irme de vacaciones a Benidorm con mis amigas. Tenemos ganas de pasear por la playa y de salir por la noche. También pienso ahorrar un poquito ...

Noelia: Ya que se ha resuelto el misterio del dinero desaparecido, ¡vamos a celebrar el bingo de la abuela! Mamá, ¿hay una botella de cava en la nevera?

Charo: Also waren Sie es! Jetzt verstehe ich, warum (immer wieder) Geld aus meiner Tasche verschwand. Aber Amparo, in Ihrem Alter ...

Doña Amparo: Ich weiß, Kind, verzeih mir, es tut mir sehr Leid, ich kann es nicht kontrollieren. Aber ich habe vor, dir alles zurückzugeben, ehrlich.

Agustín: So, Mutter, und was willst du mit all diesem Geld tun?

Doña Amparo: Also ich möchte mit meinen Freundinnen nach Benidorm in den Urlaub fahren. Wir haben Lust, am Strand zu spazieren und nachts auszugehen. Ich möchte auch ein wenig sparen ...

Noelia: Da das Rätsel vom verschwundenen Geld gelüftet wurde, lasst uns Großmutters Bingo feiern! Mama, ist noch eine Flasche Sekt im Kühlschrank?

2 TR. 81

Übung 7

Noelia: ¿Qué vais a hacer mañana, chicos?

Jordi: Yo mañana tengo que trabajar.

Chema: ¿Tienes que trabajar los sábados también?

Jordi: Éste sí, pero sólo hasta la una; después pienso ir al gimnasio y hacer algo de deporte, y por la noche voy a ir al cine con unos amigos.

Chema: ¿Y tú, Rosita?

Rosita: Yo voy a ir de compras por la mañana, pero no tengo plan para la tarde.

Jordi: ¿Por qué no te vienes con nosotros al cine?

Rosita: ¿Los puedo acompañar?

Jordi: ¡No faltaba más! ¿Y vosotros?, ¿qué tenéis pensado hacer?

Noelia: Yo tengo que ayudar a mi madre en casa por la mañana y ...

Chema: Y yo quiero comprar un programa nuevo para el ordenador.

Noelia: Y por la noche, Chema y yo vamos a salir con unos amigos.

Chema: Oye, ¿por qué no os venís vosotros después del cine?

Noelia: Sí, podemos quedar todos juntos e ir a bailar.

Jordi: ¡Buena idea!

Rosita: ¡A mí me encanta bailar!, ¿saben?

Jordi: Pues, bueno, ¿cómo quedamos?

2 TR. 85

Übung 19

El número premiado en el sorteo de la Lotería Nacional ha sido el 52.756.

16

2 TR. 86 **Übung 1**

¿Le gustaría viajar a la península de Yucatán? ¡Entonces, nosotros somos su agencia de viajes! Le ofrecemos las mejores ofertas de viaje: Estancia de una a tres semanas con todo incluido, vuelos directos desde Madrid a Ciudad de México, estancia en hoteles de cinco estrellas, visitas a los centros arqueológicos más importantes de Yucatán.

¡Reserve ya su billete y disfrute de unas vacaciones inolvidables!

2 TR. 88 **Übungen 3, 4, 6**

Chema: ¡Mira, Noelia! ¡En internet he encontrado el portal de una agencia de viajes con ofertas interesantes! Ofrece un viaje de una semana a la península de Yucatán con todo incluido: vuelo, estancia en Mérida en hotel de tres estrellas y visitas a los centros arqueológicos de Uxmal, Chichén-Itzá, Tulúm …

Noelia: Sí, está muy bien … pero a mí me gustaría visitar también la capital, y las pirámides de Teotihuacán.

Chema: Bueno, entonces podemos pasar una semana en Yucatán y un par de días más en Ciudad de México, ¿qué te parece?

Noelia: ¡Estupendo! ¡Por fin vamos a ver las pirámides de las que tanto nos ha hablado Rosita!

Chema: Vamos a seguir buscando, a ver si encontramos algo … ¡Ay, qué lento es este ordenador!

Noelia: Y la pantalla es un poco pequeña, ¿no? La del mío es más grande.

Chema: El que tengo en la oficina es mucho mejor. Éste lo utilizo sólo para navegar por internet y enviar emilios a los amigos. Mira, aquí hay otra agencia que ofrece un viaje a la capital y a Yucatán.

▼

Chema: *Schau, Noelia! Im Internet habe ich die Homepage eines Reisebüros mit interessanten Angeboten gefunden! Es bietet eine einwöchige Reise zur Halbinsel von Yucatán an, mit allem inbegriffen: Flug, Aufenthalt in Mérida im Dreisternehotel und Besichtigungen der archäologischen Zentren von Uxmal, Chichén-Itzá, Tulúm …*

Noelia: *Ja, das ist sehr gut … aber ich würde auch gerne die Hauptstadt und die Pyramiden von Teotihuacán besichtigen.*

Chema: *Gut, dann können wir eine Woche in Yucatán und noch ein paar Tage in Mexiko Stadt verbringen, was meinst du?*

Noelia: *Super! Endlich werden wir die Pyramiden sehen, von denen uns Rosita so viel erzählt hat.*

Chema: *Lass uns weitersuchen, mal sehen, ob wir etwas finden … Ach, wie langsam dieser Computer ist!*

Noelia: *Und der Bildschirm ist ein bisschen klein, nicht? Der von meinem ist größer.*

Chema: *Der, den ich im Büro habe, ist viel besser. Diesen benutze ich nur, um im Internet zu surfen und E-Mails an Freunde zu schicken. Schau, hier gibt es ein anderes (Reise)büro, das eine Reise zur Hauptstadt und nach Yucatán anbietet.*

▼

Noelia: ¡Ah, pero el vuelo no está incluido! Vamos a mirar en el portal de Iberia …
Chema: Iberia. Mira, ya lo tengo … Salida Madrid, destino México. Hay un vuelo directo que sale del aeropuerto de Barajas a las doce y media de la mañana y llega a Ciudad de México a las cinco y cuarto de la tarde, hora local.
Noelia: ¿Cuántas horas son de vuelo?
Chema: Pues con la diferencia horaria son … casi doce horas.
Noelia: ¿Y podemos comprar el billete directamente por internet?
Chema: Sí, claro, pagando con tarjeta de crédito. Es mucho más cómodo que ir a la agencia de viajes. ¡Vaya! ¡Se me ha colgado el ordenador! ¡Qué fastidio!
Noelia: Tranquilo, Chema. Vamos a mi casa y seguimos en el mío, ¿vale?
Chema: ¡Vale!

Noelia: *Ach, aber der Flug ist nicht inbegriffen! Lass uns auf der Homepage von Iberia nachsehen …*
Chema: *Iberia. Schau, da habe ich es schon … Abflug Madrid, Ziel Mexiko. Es gibt einen Direktflug, der am Flughafen von Barajas um halb eins vormittags startet und in Mexiko Stadt um Viertel nach fünf nachmittags Ortszeit ankommt.*
Noelia: *Wie viele Stunden dauert der Flug?*
Chema: *Also mit dem Zeitunterschied sind es … fast zwölf Stunden.*
Noelia: *Und können wir den Flugschein direkt übers Internet kaufen?*
Chema: *Ja, klar, wenn man mit Kreditkarte bezahlt. Das ist viel bequemer, als ins Reisebüro zu gehen. So ein Pech! Der Computer ist abgestürzt! Wie ärgerlich!*
Noelia: *Beruhige dich, Chema. Lass uns zu mir nach Hause gehen und an meinem weitermachen, o.k.?*
Chema: *In Ordnung!*

2 TR. 90
Übung 7

Angestellte: Agencia de viajes "Hispania". ¿En qué puedo servirle?
Agustín: Hola, buenos días. Mire, quería preguntar si tienen algún vuelo disponible a Sevilla para el próximo fin de semana.
Angestellte: ¿Y cuándo quiere salir? ¿El viernes?
Agustín: Sí, el viernes por la tarde, y me gustaría regresar el domingo por la noche.
Angestellte: ¿Cuántos pasajeros?
Agustín: Dos.
Angestellte: Déjeme ver … Clase turista, ¿verdad?
Agustín: Sí.
Angestellte: Sí, … tengo un vuelo que sale de Barajas el viernes 22 de noviembre a las 16 horas y 10 minutos y regresa el domingo de Sevilla a las 21 horas y 45 minutos. El vuelo dura una hora aproximadamente.
Agustín: ¡Estupendo! ¿Qué precio tiene el billete?
Angestellte: Son 150 euros. ¿Quiere hacer la reserva?
Agustín: Sí, por favor.
Angestellte: ¿Cuál es su nombre?
Agustín: Agustín Giménez.
Angestellte: Agustín Giménez. ¿Me da su número de teléfono, por favor?
Agustín: Sí, claro, es el 91 40 93 0 18.
Angestellte: ¿Cómo quiere pagar: con tarjeta de crédito o al contado?
Agustín: Al contado, mejor.
Angestellte: Bien, entonces tiene que pasar a recoger el billete antes del jueves, ¿de acuerdo?
Agustín: Sí, muy bien.

TR. 95 Übung 15

Charo: ¿Diga?
Anrufer: Hola, buenos días. Quería hablar con el señor Giménez.
Charo: ¿De parte de quién?
Anrufer: Soy Alejandro Cifuentes.
Charo: Un momento, por favor; ahora se pone.
Anrufer: Gracias.

Revision 4

TR. 97 Übung 3

Noelia: ¡Hola, mamá! ¿Cómo estás?
Charo: Pues, la verdad, un poco nerviosa.
Noelia: ¿Por qué?, ¿qué pasa?
Charo: ¡Es la una de la noche y tu abuela no ha llegado todavía!

TR. 99 Übung 24

1. Es una salsa hecha con chile, muchas especias, cacahuetes y chocolate.
2. Es una tortilla de maíz rellena de carne y cubierta con salsa de chile.
3. Es un guiso de maíz con carne y chile.
4. Son tortillas de maíz rellenas de queso y muchas otras cosas.

1

Übung 1
1. México; **2.** Cuba; **3.** Venezuela; **4.** Colombia; **5.** Chile; **6.** Argentina; **7.** España

Übung 2
1. la paella; **2.** el sombrero; **3.** la sangría; **4.** la guitarra; **5.** la siesta; **6.** la cerveza

Übung 5 Tipp
1. **guer**rilla; **2.** **guit**arra; **3.** **y**o / pla**y**a; **4.** Mé**x**ico; **5.** ¡**Qu**é bien!

Übung 7
1. f; **2.** d; **3.** h; **4.** b; **5.** c; **6.** g; **7.** a; **8.** e

Übung 9
(Lösungsvorschlag)
Chema: […]
Sie: Muy bien, gracias, ¿y tú?
Chema: […]
Sie: ¡Encantada! / ¡Encantado!
Jordi: […]

Übung 10
1. v; **2.** c – z

Übung 11
1. español; **2.** viaje; **3.** paella; **4.** mucho

Übung 13 Tipp
1. una; **2.** el; **3.** un

la cerveza; un viaje; la verdad; un sombrero

Übung 14
yo soy; tú eres; él / ella / usted es; nosotros / nosotras somos

Übung 15
es; soy; qué tal; y usted; ésta; encantada

Übung 17
1. 35 06 87; **2.** 364 09 82; **3.** 768 49 32; **4.** 734 07 09; **5.** 907

2

Übung 1
1. la terraza; **2.** el salón; **3.** la cocina; **4.** el pasillo; **5.** el baño; **6.** el balcón; **7.** el dormitorio; **8.** la entrada

Übung 4
de nada

Übung 5
Wörter mit normal gerolltem r:
mira, claro, estantería, ahora, garaje, lavadora, euro
Wörter mit stark gerolltem r:
terraza, Rosita, guerrilla, Rioja, guitarra

Übung 7
1. richtig; **2.** falsch; **3.** falsch; **4.** falsch; **5.** richtig; **6.** richtig

Übung 9 Tipp
viajes; hoteles; balcones; sombreros

Übung 10
1. los; **2.** unas; **3.** las; **4.** unos

Übung 12 Tipp
dos armarios pequeños;
un sofá nuevo; dos sillas modernas;
una mesa bonita

Übung 13
1. necesitas – necesito
3. cenamos

Tipp 1 5
Das spanische **y** wird wie das deutsche **j** ausgesprochen. Steht es am Wortende, wird es wie **i** gesprochen (z. B. **soy**).
Der Buchstabe **x** wird normalerweise wie im Deutschen ausgesprochen (z. B. **taxi**). Das Wort **México** stellt eine Ausnahme dar.

Tipp 1 13
Alle Wörter auf **-aje** sind männlich.
Alle Wörter auf **-dad** sind weiblich.

Tipp 2 9
Wenn ein Vokal am Ende steht, braucht man nur ein **-s**, um den Plural zu bilden. Wenn ein Konsonant am Ende steht, braucht man **-es**, um den Plural zu bilden. Wörter, die im Singular auf der letzten Silbe einen Akzent tragen, verlieren ihn im Plural.

Tipp 2 12
sofá ist männlich!

Tipp 3 9

Wenn das Verb in Verbindung mit einem Substantiv im Plural steht, muss auch das Verb im Plural stehen. Denken Sie an die Bedeutung von **encantar** *(sehr gefallen)*! In Fragen benutzt man normalerweise das Verb **gustar**.

Tipp 3 10

Denken Sie an den Akzent auf der Endung **-éis**!

Tipp 3 12

Vergessen Sie den Akzent auf den Endungen **-áis** und **-éis** nicht!

Tipp 3 14

Der Akzent von **inglés** im Singular entfällt im Plural. Achten Sie auf die Rechtschreibung von **portugués / portuguesa**! **canadiense** und **belga** haben die gleiche Form für männlich und weiblich.

Übung 14
1. estás; **2.** necesito; **3.** cenamos; **4.** están; **5.** bailáis; **6.** toma

Übung 15
1. correcto; **2.** correcto; **3.** correcto; **4.** falso

Übung 16
1. b; **2.** c; **3.** a

Übung 18
1. gallego; **2.** vasco (euskera); **3.** catalán; **4.** español

3

Übung 1
1. b; **2.** e; **3.** g; **4.** f; **5.** a; **6.** d; **7.** c

Übung 4
1. Rosita: a, c, e, j; **2.** Agustín: d, f, g; **3.** Noelia: b, h, i

Übung 7
1. me llamo – te llamas; **2.** se llama; **3.** nos llamamos – os llamáis

Übung 9 Tipp
1. Me **encantan / gustan** los museos.
2. ¿Os **gusta** la paella?
3. Me **gusta** mucho trabajar en el museo.
4. ¿Les **gustan** las habitaciones, señores?

Übung 10 Tipp
como – comes – come – comemos – coméis – comen

Übung 11
1. tengo; **2.** tienes; **3.** tiene; **5.** tienen

tengo – tienes – tiene – tenemos – tenéis – tienen

Übung 12 Tipp
1. se llaman; **2.** como – come; **3.** trabajáis – estudiáis; **4.** estoy; **5.** tenemos; **6.** tiene; **7.** te llamas – eres; **8.** bebemos – bebéis

Übung 13
1. estoy; **2.** es; **3.** está; **4.** somos

Übung 14 Tipp
1. francesas; **2.** suizos; **3.** chilenas; **4.** ingleses; **5.** portuguesa; **6.** canadienses; **7.** sueca; **8.** belgas

Übung 15
1. ingeniero; **2.** fotógrafo; **3.** profesora; **4.** taxista; **5.** arquitecta; **6.** secretaria

Übung 16
(Lösungsvorschlag)
Felipe Iriarte: […]
Sie: ¡Buenos días!
Felipe Iriarte: […]
Sie: Hola, yo soy Antonio Ramos.
Felipe Iriarte: […]
Sie: No, soy de Santiago de Chile.
Felipe Iriarte: […]
Sie: Trabajo en una empresa chilena aquí en Madrid. ¿Y usted?
Felipe Iriarte: […]
Sie: Igualmente y adiós.
Felipe Iriarte: […]

4

Übung 2
la agenda; el móvil; el monedero; las llaves; las gafas; el bolígrafo

Übung 5
1. c; 2. a; 3. c; 4. b; 5. a

Übung 6
No lo sé.

Übung 7 Tipp
1. vivo – vives; 2. vive; 4. viven

vivo – vives – vive – vivimos – vivís – viven

Übung 8 Tipp

trabajar	comer	vivir
trabajo	como	vivo
trabajas	comes	vives
trabaja	come	vive
trabajamos	comemos	vivimos
trabajáis	coméis	vivís
trabajan	comen	viven

Übung 9
1. esta; 2. estos; 3. este; 4. estas

Übung 10 Tipp
¡Hola! Me llamo Nacho y **soy** el hijo de Agustín y Charo.
Ahora **estoy** (1) en Londres, donde estudio inglés. **Es** (2) una ciudad fascinante. **Hay** (3) muchos museos, tiendas y… "pubs".
Vivo en un piso compartido con dos chicos, Carlos y Mauricio.
Son venezolanos y muy simpáticos. Uno **es** (4) estudiante de medicina y el otro trabaja de camarero.
La verdad es que **estoy** (5) muy contento aquí.

Übung 11
1. su; 2. vuestra; 3. su; 4. nuestro

Übung 12
1. la; 2. las; 3. los

Übung 13
1. te; 2. las; 3. les; 4. me; 5. nos; 6. os; 7. lo; 8. se

Übung 14
1. sabes; 2. sé; 3. sabe; 4. sabemos – sabéis; 5. saben

sé – sabes – sabe – sabemos – sabéis – saben

Übung 15
1. Enkel; 2. Mutter; 3. Ehefrau; 4. Tante; 5. Onkel; 6. Schwager; 7. Nichten; 8. Neffe; 9. Bruder; 10. Cousin

Revision 1

Übung 1
1. d; 2. e; 3. f; 4. a; 5. b; 6. h; 7. c; 8. g

Übung 2
1. c; 2. a; 3. b; 4. c; 5. a; 6. c

Übung 3
2

Übung 4
1. b; 2. d; 3. a; 4. c

Übung 5
1. b; 2. c; 3. d; 4. a

Übung 6
1. c; 2. b

Tipp 4 7
Vergessen Sie den Akzent auf der Endung **-ís** nicht!

Tipp 4 8
Denken Sie an die Akzente in der 2. Person Plural, d. h. auf den Endungen **-áis**, **-éis** und **-ís**.

Tipp 4 10
1. Gemeint ist hier: sich an einem Ort befinden; daher verwendet man **estar**.
2. Hier handelt es sich um eine Eigenschaft; daher verwendet man **ser**.
3. Bei Substantiven im Plural ohne Artikel wird **hay** verwendet.
4. Hier handelt es sich um eine Beruf- bzw. Tätigkeitsangabe; daher verwendet man **ser**.
5. Hier wird der Gemütszustand einer Person beschrieben; daher verwendet man **estar**.

Tipp R1 8

Achten Sie darauf, dass Verb und Subjekt übereinstimmen. Um den Plural von Substantiven und Adjektiven zu bilden, hängt man ein **-s** an Wörter an, die auf Vokal enden, und **-es** an solche, die auf Konsonant enden. Denken Sie daran, dass sich Adjektive in Geschlecht und Zahl nach dem Substantiv richten, auf das sie sich beziehen.

Tipp R1 9

sofá ist männlich!

Tipp R1 13

2. Vergessen Sie das Reflexivpronomen nicht!
4. Denken Sie an den Akzent!
8. Wenn das Verb in Verbindung mit einem Substantiv im Plural (**los viajes**) steht, muss auch das Verb im Plural stehen.

Übung 8 Tipp

1. Las amigas de Ana son unas chicas muy simpáticas.
2. Los amigos de Antonio son unos chicos muy inteligentes.

Übung 9 Tipp

1. grandes; **2.** bonitos; **3.** interesante

Übung 10

1. soy; **2.** está; **3.** es; **4.** estamos; **5.** son; **6.** somos; **7.** están; **8.** eres

Übung 11

1. está; **2.** hay; **3.** están; **4.** hay

Übung 12

1. está; **2.** hay; **3.** es

Übung 13 Tipp

1. viven; **2.** te llamas; **3.** son; **4.** sabéis; **5.** tengo; **6.** comemos; **7.** trabaja; **8.** encantan

Übung 14

En el piso:
dormitorio – sillón – armario – pasillo
En la empresa:
ingeniero – departamento – jefe – secretaria
En el bolso:
llaves – agenda – gafas – móvil

Übung 15

1. ordenador; **2.** bolso; **3.** cama; **4.** bolígrafo; **5.** sofá; **6.** mesa; **7.** escritorio

Übung 16

1. Doña Amparo; **2.** Agustín; **3.** Nacho; **4.** Charo; **5.** Noelia

Übung 17

1. c; **2.** b; **3.** a

Übung 18

1. profesora; **2.** arquitecto; **3.** médica

Übung 19

40 (cuarenta); 14 (catorce); 4 (cuatro); 15 (quince); 5 (cinco); 50 (cincuenta); 27 (veintisiete); 73 (setenta y tres); 37 (treinta y siete)

Übung 20

cómo; estamos; te; piso; vive; tiene; verdad; hermana

Übung 21

1. España; **2.** vela; **3.** Chile; **4.** cerveza; **5.** Mallorca; **6.** queso; **7.** Gibraltar; **8.** hola

Übung 22

1. c; **2.** c; **3.** a

5

Übung 1

1. a; **2.** d; **3.** b; **4.** c

Übung 4

1. Doña Amparo: b, e, g, i; **2.** Charo: d, f, h; **3.** Noelia: a, c

Übung 5

1. richtig; **2.** richtig; **3.** falsch; **4.** falsch; **5.** richtig; **6.** falsch; **7.** falsch; **8.** falsch

Übung 7

1. muy; **2.** muy; **3.** mucho; **4.** mucho

Übung 8
Agustín, mi marido, tiene una profesión **muy** interesante. Trabaja **mucho**. Mi hija Noelia estudia **mucho**. Es una chica **muy** inteligente. Mi hijo Nacho vive en Londres y está **muy** contento.
El Retiro es un parque **muy** grande y **muy** bonito de Madrid. A la abuela le gusta **mucho** ir a pasear allí con sus amigas.

Übung 9
1. he; **2.** has; **3.** ha; **4.** han

he – has – ha – hemos – habéis – han

Übung 10 Tipp
1. hemos invitado; **2.** has visto; **3.** habéis ido; **4.** he comido; **5.** han hecho; **6.** ha sido

Übung 12
1. d; **2.** e; **3.** a; **4.** c; **5.** b

Übung 15
1. lo; **2.** os – nos; **3.** las; **4.** me – te

Übung 17
1. 87790; **2.** 91 83 72 0 38; **3.** 63 60 10 396; **4.** 523 89 59; **5.** 9 41 67 76 85

6

Übung 1
1. j; **2.** c; **3.** e; **4.** g; **5.** h; **6.** a; **7.** i; **8.** f; **9.** b; **10.** d

Übung 4
1. c; **2.** b; **3.** a; **4.** a; **5.** b

Übung 6
vale; perfecto; (a las diez) me va bien

Übung 7
pongo – pones – pone – ponemos – ponéis – ponen

1. les; **2.** me; **3.** nos; **4.** os

Übung 8
1. quieres; **2.** quieren – pueden; **3.** podéis

Übung 10
1. vas; **2.** va; **3.** van; **4.** vais

voy – vas – va – **vamos** – vais – van

Übung 11
vais; tenemos; podemos; queréis

Übung 13
1. 17.45; **2.** 8.30; **3.** 16.15; **4.** 18.15; **5.** 21.45

Übung 15
6; 5; 4; 7; 8; 3; 2; 1

Übung 16
400 cuatrocientos; 600 seiscientos; 800 ochocientos; 100.000 cien mil; 3.000.000 tres millones

Übung 17
1. mil ciento noventa y siete gramos de plátanos
2. ochocientos cincuenta y seis gramos de zanahorias
3. setecientos sesenta y ocho gramos de fresas
4. dos mil quinientos veinticinco gramos de patatas
5. novecientos catorce gramos de pimientos

Tipp 5 10
Denken Sie an die unregelmäßigen Partizipien von **ver** und **hacer**!

Tipp 7 8

Achten Sie auf den Akzent in der 2. Person Plural, d. h. bei den Endungen **-áis**, **-éis** und **-ís!**
Die Form der 1. Person Singular von **decir** ist unregelmäßig!

Tipp 7 13

Die Elemente **de** und **el** werden zu **del** verbunden.
Die Elemente **a** und **el** werden zu **al** verbunden.

Steht die Tageszeit in Verbindung mit einer genauen Uhrzeit, benutzt man die Präposition **de**.

Tipp 7 14

Vor **Correos** steht kein Artikel!

Übung 18

(Lösungsvorschlag)

Verkäufer: […]
Sie: ¿Tiene tomates?
Verkäufer: […]
Sie: Entonces me pone un kilo de tomates para la ensalada.
Verkäufer: […]
Sie: Zanahorias. Medio kilo, por favor.
Verkäufer: […]
Sie: ¡Ah, sí! Mejor me pone dos.
Verkäufer: […]
Sie: También quería fresas. ¿Puedo probar una?
Verkäufer: […]
Sie: Sí, y también muy baratas. ¿Me pone 500 gramos, por favor?
Verkäufer: […]
Sie: ¿Cuánto es todo?
Verkäufer: […]
Sie: Aquí tiene. Adiós y gracias.
Verkäufer: […]

7

Übung 2

a la derecha – *rechts*;
a la izquierda – *links*;
enfrente – *gegenüber*
delante – *vor*;
detrás – *hinter*

Übung 5

1. falso; **2.** falso; **3.** correcto; **4.** correcto; **5.** correcto; **6.** falso; **7.** correcto; **8.** correcto

Übung 6

digo

In folgenden Sätzen wird ausgedrückt, dass man etwas tun muss:

1. ¿Adónde tienes que ir?
2. … tienes que hacer transbordo.
3. Tienes que bajar en la parada Tribunal.
4. ¡Tengo que irme!

Übung 7

conozco – conoces – conoce – conocemos – conocéis – conocen

Übung 8 Tipp

1. conocéis – conocemos;
2. dices – digo – tenemos;
3. podemos – seguís – cruzáis – tomáis – giráis

Übung 9

(Lösungsvorschlag)
Voy al trabajo en autobús.

Übung 10

1. a; **2.** en; **3.** en; **4.** a

Übung 12

una farmacia – *eine Apotheke*

Übung 13 Tipp

1. a, a, en; **2.** en; **3.** del, al; **4.** de, por; **5.** por, por, a, hasta

Übung 14 Tipp

1. la, la; **2.** una; **3.** un, el, –; **4.** el, la

Übung 15

1. ¿Cómo se llama tu mujer?
2. Yo no sé dónde vive él; y ¿tú?

Übung 16

1; 6; 3; 4; 2; 5

Übung 17

1. ir a pie
2. una farmacia
3. ¿Cómo vas al trabajo?
4. ir en autobús
5. a las diez

8

Übung 5

1. b; **2.** c; **3.** b; **4.** b; **5.** a; **6.** a

Übung 6

¿Qué te parece, Rosita?

Übung 7

(Lösungsvorschlag)

Kunde / Kundin: Perdone, ¿cuánto cuesta este casco protector?

Verkäuferin: […]

Kunde / Kundin: Y los patines, ¿cuánto cuestan?

Verkäuferin: […]

Übung 8

1. cuánta; **2.** cuánto; **3.** cuántas; **4.** cuántos

Übung 10 Tipp

1. este; **2.** esas; **3.** esta; **4.** esos; **5.** ese

Übung 11

1. a ti; **2.** a él; **3.** a nosotros; **4.** a vosotros

Übung 12

1. para mí; **2.** con usted / con ustedes; **3.** sin mí; **4.** sin ti

Übung 14 Tipp

1. me las; **2.** se la; **3.** nos los

Übung 15

1. Quiero regalarte este libro.
2. Tengo que deciros una cosa.

Übung 16 Tipp

1. Tengo que decírselo mañana.
2. Queremos dároslas en casa.
3. Podéis comprársela en el centro.
4. Quiero regalártela por tu cumpleaños.
5. Tiene que dármelos hoy.
6. Puedes escribírnoslo aquí.

Übung 19

La persona va al centro comercial. – *Die Person geht zum Einkaufszentrum.*

Revision 2

Übung 1

1. b; **2.** c; **3.** d; **4.** c; **5.** a

Übung 2

1; 5; 4; 3; 6; 2

Übung 3

1. f; **2.** e; **3.** h; **4.** g; **5.** b; **6.** a; **7.** c; **8.** d

Übung 4

(Lösungsvorschlag)

1. Me gusta hacer deporte.
2. Compro manzanas y zanahorias.
3. Voy al trabajo en metro.

Übung 5

(Lösungsvorschlag)

1. La vela y el ciclismo.
2. Soy una persona muy alegre.
3. El azul.
4. Voy al cine o a cenar con mis amigos.
5. Ceno a las nueve y media.
6. Una novela muy interesante.
7. La última película de Almodóvar.
8. He comprado un sofá nuevo para el salón.

Tipp 8 16

Bei angehängten Pronomen muss eventuell ein Akzent gesetzt werden, damit die Betonung des Verbs erhalten bleibt.

Tipp 8 10

Denken Sie daran: **este / esta / estos / estas** bezeichnen bestimmte Gegenstände oder Personen, die in der unmittelbaren Nähe des Sprechers sind; **ese / esa / esos / esas** bezeichnen dagegen bestimmte Gegenstände oder Personen, die etwas weiter entfernt sind.

Tipp 8 14

Denken Sie daran: Die indirekten Objektpronomen **le** und **les** ändern sich, wenn **lo / la / los / las** folgt.

Tipp R2 6

Vergessen Sie den Akzent in der 2. Person Plural nicht!

Tipp R2 12

1. **en el museo** gibt einen Standort an, während **al museo** eine Richtung angibt. Daher muss man hier das Verb **estar** verwenden und nicht **ir**.
2. Hier ist das Subjekt **las dos**, d. h. zwei Personen! Daher muss man die 1. Person Plural verwenden.
3. Denken Sie an das unregelmäßige Partizip von **ver**!

Tipp R2 13

Denken Sie an die unregelmäßigen Partizipien von **decir**, **hacer** und **ver**! Vergessen Sie den Akzent bei der 2. Person Plural von **haber** nicht!

Tipp R2 20

Alle Fragewörter tragen im Spanischen einen Akzent.

Übung 6 Tipp

querer	poder	decir
quiero	puedo	digo
quieres	puedes	dices
quiere	puede	dice
queremos	podemos	decimos
queréis	podéis	decís
quieren	pueden	dicen

Übung 7

1. tienes; **2.** cuestan; **3.** pongo; **4.** sigues; **5.** hay; **6.** conozco

Übung 8

1. muy; **2.** mucho; **3.** muy; **4.** muy

Übung 9

1. contigo – conmigo;
2. para ti – para mí;
3. a ti – a mí;
4. sin vosotros – sin ti

Übung 10

1. te lo; **2.** nos las; **3.** se la; **4.** se los

Übung 11

1. por; **2.** en; **3.** a; **4.** de

Übung 12 Tipp

Hoy por la mañana **he hecho** unas compras en el centro. Después, a mediodía, **he comido / he almorzado** en un restaurante y **he tomado** un café en una terraza. Luego **he estado** (1) en el museo y **he trabajado** hasta las ocho. Después **he ido** al supermercado y **he comprado** una lechuga y unos tomates. Mi madre me **ha llamado** por teléfono, ¡y las dos **hemos hablado** (2) hasta las once de la noche! **He comido / He cenado** una ensalada, **he visto** (3) un poco la televisión y ahora me voy a la cama. ¡Hasta mañana!

Übung 13 Tipp

1. he dicho; **2.** has hecho; **3.** ha sido; **4.** habéis visto

Übung 14

A: Dialog 3; **B:** Dialog 1; **C:** Dialog 2

Übung 15

demasiado – mucho – bastante – poco – nada

siempre – muchas – veces – a veces – nunca

Übung 16

1. b; **2.** a; **3.** c

Übung 17

89.576; 43.911; 15.752

Übung 18

ciudad; mucho; simpáticos; ayudan; martes; le; regalo; verdad

Übung 19

1. c; **2.** c; **3.** a; **4.** b; **5.** b; **6.** a

Übung 20 Tipp

1. ¿Dónde trabaja tu marido?
2. Si queréis, podemos tomar té.
3. Tú no sabes quién es él, pero yo sí lo sé.

Übung 21

1. ¿Habéis visto la última película de Almodóvar?
2. Estos plátanos son del país.
3. ¿Tú sabes dónde está la calle Cervantes?
4. ¿Qué tal si quedamos el miércoles?

9

Übung 2

1. está preparando la cena h
2. está llamando por teléfono a
3. está cortando cebolla e
4. están comiendo b
5. está viendo la televisión d
6. está leyendo el periódico f
7. están durmiendo c
8. está enseñando un nuevo programa g

Übung 5

1. falso; **2.** correcto; **3.** falso; **4.** correcto; **5.** correcto; **6.** correcto; **7.** falso; **8.** correcto

Übung 6

Um einen Gefallen bitten:
¿Puedes cortar las cebollas también?
¿Puedes preguntarle si quiere cenar con nosotros?
¿Puedes bajar luego al súper y comprar un buen vino tinto?

Etwas vorziehen:
(yo) prefiero

Übung 7

(Lösungsvorschlag)
Gastgeberin: […]
Gast: Yo prefiero un vino tinto.
Gastgeberin: […]

Übung 9

tú traes; Ana y tú traéis; yo traigo; Antonio trae; nosotras traemos; ustedes traen

Übung 10

1. está llamando; **2.** están viendo; **3.** estás escribiendo

Übung 11 Tipp

1. trabajando; **2.** comiendo; **3.** leyendo; **4.** durmiendo

Übung 12

1. están patinando; **2.** estás bebiendo; **3.** estamos comprando; **4.** está escribiendo; **5.** estáis buscando

Übung 13 Tipp

1. bien; **2.** buen; **3.** bien; **4.** buen

Übung 14

1. la misma; **2.** el mismo; **3.** los mismos; **4.** las mismas

Übung 15

(Lösungsvorschläge)
No, no he estada nunca en España. / Sí, ya he estado muchas veces en España.
No, no he comido nunca paella. / Sí, he comido paella una vez.

Übung 17

5; 6; 1; 4; 3; 2

10

Übung 2

1. c; **2.** a; **3.** b; **4.** e; **5.** d

Übung 4

1. i; **2.** c; **3.** f; **4.** e; **5.** b; **6.** h; **7.** j; **8.** d; **9.** g; **10.** a

Übung 5

Chema: 4, 5, 6
Jordi: 1, 2, 3, 7, 8

Übung 6

(y) hablando de otro tema

Tipp 9 11

Denken Sie daran, dass sich die Endung des Gerundiums von **leer** ändert! Vergessen Sie nicht, dass sich beim Gerundium von **dormir** der Vokal des Verbstamms ändert!

Tipp 9 13

Denken Sie an den Unterschied zwischen Adjektiven und Adverbien! Adjektive bestimmen ein Substantiv näher und richten sich in Geschlecht und Zahl nach diesem (**bueno/-a/-os/-as**). Adverbien hingegen sind unveränderlich (**bien**).

Tipp 10 9

2. Das Objekt des Satzes ist ein Substantiv im Plural!

Tipp 10 10

2. Denken Sie daran, dass **almorzar** ein unregelmäßiges Verb ist!
5. Das Verb **tomar** bezieht sich auf ein Substantiv im Plural!

Tipp 10 12

3. Bei einem Substantiv wird **tanto/-a/-os/-as** und nicht **tan** benutzt.

Tipp 10 13

1. Denken Sie an den Akzent bei **tímido**!
2. Sie brauchen hier die entsprechende Form des Adjektivs **bueno** und nicht das Adverb **bien**.
3. Vergessen Sie nicht, dass das Adjektiv mit dem Substantiv in Geschlecht und Zahl übereinstimmen muss.
5. Bei einem Substantiv wird **tanto/-a/-os/-as** benutzt und nicht **tan**!
6. **sofá** ist männlich! Achten Sie auf die Angleichung.

Übung 8

1. se afeita; **2.** me adapto; **3.** se preocupan; **4.** nos encontramos; **5.** se atreven; **6.** os lleváis

Übung 9 Tipp

1. En el bar de Paco **se come** un jamón muy bueno.
2. En el supermercado **se compran** muchos productos.
3. En México **se habla** español.

Übung 10 Tipp

1. se desayuna; **2.** se almuerza; **3.** se cena; **4.** se sale; **5.** se toman, se habla; **6.** se trata; **7.** se baila

Übung 11

1. tanto; **2.** tanta; **3.** tantas; **4.** tan

Übung 12 Tipp

1. Yo trabajo **más** horas **que** tú.
2. Tú trabajas **menos** horas **que** yo.
3. Tú no trabajas **tantas** horas **como** yo.

Übung 13 Tipp

1. Nacho no es **tan tímido como** Noelia.
2. Esta novela no es **tan buena como** la otra.
3. Esos zapatos rojos son **más extravagantes que** éstos.
4. Tu jefa es **más simpática que** mi secretaria.
5. Tienes **tantas plantas como** mi vecina.
6. En esa tienda tienen **tantos sofás como** en la otra.
7. El autobús es **más práctico que** el coche.
8. Aquí hay **menos gente que** en el bar de Paco.

Übung 14

leyendo; viendo

Übung 15

1. c; **2.** a; **3.** b

Übung 16

(Lösungsvorschlag)

Entrevistador: […]
Usted: Sí, ¡claro! ¡Con mucho gusto!
Entrevistador: […]
Usted: Normalmente me levanto entre las siete y media y las ocho de la mañana.
Entrevistador: […]
Usted: Empiezo a las nueve de la mañana y trabajo hasta la una. Después almuerzo y vuelvo a la oficina a las dos.
Entrevistador: […]
Usted: No, almuerzo en la cantina de la empresa; es más práctico que ir a comer a casa porque sólo tengo una hora.
Entrevistador: […]
Usted: Pues casi siempre a las seis, pero a veces más tarde.
Entrevistador: […]
Usted: Sí, por supuesto.
Entrevistador: […]
Usted: Entre las doce y la una de la mañana.
Entrevistador: […]
Usted: ¡No hay de qué!

11

Übung 5

1. falso; **2.** falso; **3.** correcto; **4.** falso; **5.** correcto; **6.** falso; **7.** falso; **8.** correcto

Übung 6

¡Que te mejores!

Noelias Ratschläge:
Es importante descansar.
Hay que dormir siete horas como mínimo.

Übung 8 Tipp
¿Te duelen los pies?

1. te sientes; **2.** nos sentimos;
3. se sienten

Übung 9
1. amablemente;
2. estupendamente;
3. normalmente;
4. sinceramente

Übung 10
1. directamente; **2.** personalmente;
3. seriamente; **4.** tímidamente;
5. rápidamente

Übung 11
1. Es estupendo … ;
2. No es normal … ;
3. No es sano …

Übung 13 Tipp
1. Los míos – los suyos;
2. La nuestra – la tuya

Übung 14
1. f; **2.** j; **3.** c; **4.** a; **5.** e; **6.** h; **7.** g;
8. d; **9.** b; **10.** i

Übung 15
1. Rosita; **2.** Jordi; **3.** Agustín;
4. Noelia; **5.** Chema;
6. Doña Amparo; **7.** Charo

Übung 17
4; 5; 2; 6; 3; 1

Übung 18
1. cabeza; **2.** gripe; **3.** aspirina;
4. boca; **5.** jarabe; **6.** pierna;
7. vitaminas

12

Übung 1
Primer plato: ensalada mixta, gazpacho, pulpo a la gallega
Segundo plato: bacalao al pil pil, merluza a la romana
Postre: flan, fruta del tiempo, helado
Vino, agua y pan

Übung 4
Richtige Sätze: 2, 4, 6, 7, 8

Übung 5
So erzählt Chema, was er und Rosita zusammen gemacht haben:
Fuimos a buscar un regalo para una amiga.
Aprovechamos muy bien la tarde, compramos muchas cosas.

Herzlichen Glückwunsch!
¡Felicidades!

Übung 6
1. cumpleaños; deseamos
2. excelente; siempre
3. día; cumplas

Übung 8
Entradas: Consomé de pollo, Crema de espárragos
Carne y pescado: Almejas a la marinera, Cordero asado con patatas, Escalope de ternera, Merluza a la cazuela
Postres: Arroz con leche, Crema catalana

Übung 9
1. cuáles; **2.** cuál; **3.** qué

Tipp 11 8

Denken Sie daran, dass das Subjekt des ersten Satzes – **los pies** – im Plural steht!

Vergessen Sie nicht, dass bei dem Verb **sentirse** der Stammvokal **e** in den stammbetonten Formen zu **ie** wird!

Tipp 11 13

Denken Sie bei allen Formen an die bestimmten Artikel! Vergessen Sie den Akzent bei dem Wort **míos** nicht!

Tipp 12 10

Denken Sie daran, dass **cuál / cuáles** nicht in Verbindung mit einem Substantiv stehen kann. Beachten Sie außerdem: Das Fragewort **qué** kann auch allein stehen, aber dann bedeutet es *was?* und nicht *welche/r/s*. In dieser Übung ist jeweils *welche/r/s* gemeint.

Tipp 12 12

Vergessen Sie den Akzent in der 3. Person Singular nicht!

Tipp 12 15

Vergessen Sie den Akzent bei **viajó** nicht!
Denken Sie an die unregelmäßigen Indefinido-Formen von **ir**, **decir**, **hacer**, **tener** und **ver**!
Die Indefinido-Formen von **ver** tragen keinen Akzent!

Übung 10 Tipp

1. • ¿**Qué** número de teléfono tienes?
   o ¿**Cuál** quieres: el número de casa o el de la oficina?
2. o ¿**Cuáles**?, ¿los de Madrid?
3. • ¿**Qué** libros has comprado?

Übung 11

1. Rosita es una chica que siempre está dispuesta a ayudar.
2. Chema y Rosita son dos compañeros de piso que se llevan muy bien.

Übung 12 Tipp

él, ella, usted coment-**ó**;
nosotros / as aprovech-**amos**

Übung 13

1. fue; **2.** fuimos; **3.** fuisteis

Übung 14

1. estuvo; **2.** estuvieron;
3. estuvimos – estuvisteis;
4. estuve – estuviste

Übung 15 Tipp

1. cenamos; **2.** estuviste;
3. viajó; **4.** fuisteis; **5.** dijeron;
6. vio; **7.** hicieron; **8.** dijisteis;
9. se conocieron; **10.** tuve

Übung 16

1. el año pasado; **2.** el sábado por la noche; **3.** el otro día; **4.** ayer

Übung 17

6; 3; 1; 5; 2; 4

Übung 18

(Lösungsvorschlag)

Camarero: […]
Usted: ¡Hola, buenas tardes! ¿Qué tienen hoy de menú?
Camarero: […]
Usted: Me trae entonces la ensalada de primero y de segundo… merluza a la cazuela.
Camarero: […]
Usted: Vino blanco de la casa.
Camarero: […]
Usted: Gracias.
…
Camarero: […]
Usted: Muy rica, gracias.
Camarero: […]
Usted: Un helado. O mejor me trae el arroz con leche.
Camarero: […]
…
Camarero: […]
Usted: Sí, un café solo y la cuenta, por favor.

Revision 3

Übung 1

1. e; **2.** d; **3.** b; **4.** c; **5.** a

Übung 2

1. a; **2.** d; **3.** e; **4.** c; **5.** b

Übung 4

es; tiene; lleva

(Lösungsvorschläge)

Soy joven, mayor.
Soy alto / a, bajo / a.
Soy delgado / a, gordo / a.
Soy rubio / a, moreno / a.

Tengo los ojos castaños / azules.
Tengo el pelo rubio / oscuro.
Tengo el pelo largo / corto.
Tengo el pelo liso / rizado.

Llevo barba.
Llevo bigote.
Llevo gafas.
Llevo el pelo corto / largo.

Übung 5 Tipp

1. están estudiando;
2. están bebiendo;
3. estáis viviendo;
4. está esperando;
5. estamos haciendo;
6. estás leyendo;
7. estoy diciendo;
8. está durmiendo

Übung 6

1. está almorzando / está comiendo;
2. están hablando;
3. están cenando / están comiendo

Übung 7

1. Salamanca es una ciudad que me gusta.
2. Rosita tiene muchos amigos que trabajan en el museo.

Übung 8

1. tanto; **2.** tan; **3.** mejor; **4.** más; **5.** más; **6.** tantos; **7.** como; **8.** tantas

Übung 9

1. En este restaurante se come muy bien por muy poco dinero.
2. En Madrid se pueden hacer muchas cosas interesantes.

Übung 10

1. buen; **2.** bien; **3.** buena; **4.** bien; **5.** buenos

Übung 11 Tipp

Präsens	Perfekt	Indefinido
soy	**he sido**	**fui**
tienes	has tenido	**tuviste**
hace	**ha hecho**	hizo
estamos	**hemos estado**	**estuvimos**
vais	habéis ido	**fuisteis**
dicen	**han dicho**	dijeron

Übung 12 Tipp

1. hizo; **2.** hemos podido; **3.** fue; **4.** has estado; **5.** he visto; **6.** cenaron; **7.** he hablado; **8.** conocimos

Übung 13

1. zumo; **2.** helado; **3.** tortilla; **4.** aceitunas; **5.** gazpacho

Übung 14

1. servilleta; **2.** tenedor; **3.** plato; **4.** cuchillo; **5.** cuchara; **6.** cucharilla; **7.** vaso; **8.** botella

Übung 15

1. c; **2.** a; **3.** b

Übung 16

1. c; **2.** a

Übung 17

me; se; poco; veces; estuve; que; fui; siento; médico; menos

Übung 19

5; 3; 1; 6; 4; 2

Tipp R3 5

Denken Sie an die unregelmäßigen Gerundien von **leer**, **decir** und **dormir**!

Tipp R3 11

Der Stammvokal des Verbs **tener** ändert sich im Präsens (**e ▸ ie**).
Der Stammvokal des Verbs **decir** ändert sich im Präsens (**e ▸ i**).
Die Partizipien von **hacer** und **decir** sind unregelmäßig.
Der Verbstamm des Verbs **tener** ist im Indefinido unregelmäßig (**tuv-**).
Der Verbstamm des Verbs **estar** ist im Indefinido unregelmäßig (**estuv-**).

Tipp R3 12

Achten Sie auf die Rechtschreibung von **hizo**!
Das Partizip von **ver** ist unregelmäßig!

Tipp 13 9

Vergessen Sie den Akzent auf der Endung **-ísimo** nicht!

Tipp 13 11

Denken Sie daran, dass **-z-** zu **-c-** und **-c-** zu **-qu-** wird!

Tipp 13 12

Überlegen Sie jeweils, ob es sich bei dem direkten Objekt um eine Person handelt oder nicht. Denken Sie daran, dass sich das Pronomen **quién** auch auf eine Person bezieht.

Tipp 13 13

Achten Sie auf den Akzent!

Tipp 13 14

Vergessen Sie den Akzent nicht bei den Formen im Imperfekt, wo es notwendig ist!

1. Denken Sie daran, dass **hay** nur in der 3. Person Singular verwendet wird.
2. Das Wort **gente** ist im Spanischen Singular!

13

Übung 2
1. b; **2.** e; **3.** c; **4.** f; **5.** d; **6.** g; **7.** a

Übung 4
1. b; **2.** a; **3.** c; **4.** a; **5.** c

Übung 6
vale

Übung 7
1. c; **2.** b; **3.** d; **4.** a

Übung 8
1. preocupadísimas; **2.** majísimo; **3.** muchísimos

Übung 9 Tipp
1. baratísimo; **2.** cansadísima; **3.** elegantísima; **4.** facilísimo

Übung 10
1. una; **2.** unos; **3.** unas

Übung 11 Tipp
1. terracita; **2.** poquito

Übung 12 Tipp
1. ¿Conoces **a** la mujer de Agustín?
2. ¿**A** quién has llamado?
3. ¿Ve usted la farmacia allí enfrente?

Übung 13 Tipp
él / ella / usted tenía; nostros / -as teníamos

Übung 14 Tipp
Antes, cuando yo **era** joven, no **había** (1) ordenadores, ni horno microondas. La gente no **veía** (2) películas en vídeo, iba al cine, aunque no se **salía** a cenar como hoy en día; se **cenaba** en casa. Las familias **eran** muy numerosas y muy pocas mujeres **trabajaban** fuera de casa. Los chicos y las chicas no **iban** a bailar a la discoteca, sino a la verbena. Mucha gente no **tenía** (2) coche.

Übung 15
1. b; **2.** a

Übung 16
(Lösungsvorschläge)
1. De niño / de niña vivía en una ciudad.
2. Pasaba los veranos en un pueblecito italiano.
3. Sí, me gustaba mucho ir al colegio.
4. Jugábamos en el parque / en la calle / en casa.
5. No me gustaba ir al médico.
6. Los fines de semana mi familia y yo íbamos a visitar a los abuelos / íbamos a dar un paseo / íbamos a visitar museos.

Übung 17
1. Eva, María; **2.** Eva; **3.** Eva; **4.** María; **5.** Eva; **6.** Eva; **7.** María

Übung 18
1. A; **2.** F; **3.** E; **4.** B; **5.** D; **6.** C

14

Übung 2
1. j; **2.** c; **3.** i; **4.** h; **5.** d; **6.** b; **7.** a; **8.** g; **9.** e; **10.** f

Übung 4
1. falso; **2.** correcto; **3.** correcto; **4.** correcto; **5.** falso; **6.** correcto; **7.** falso; **8.** falso

Übung 5
1. g; **2.** d; **3.** i; **4.** h; **5.** b; **6.** a; **7.** f; **8.** c; **9.** j; **10.** e

Übung 6
(la) plata

Verben im Imperfekt:
era; estábamos; pensaba; trabajabas; trabajaba; era

Übung 7 Tipp
él / ella / usted se divirtió;
ellos / ellas / ustedes se divirtieron

Übung 8
quise – quisiste – **quiso** – quisimos – **quisisteis** – **quisieron**

Übung 9 Tipp
trabajaba; decidí

Übung 10 Tipp
Un día el arzobispo de Puebla **decidió** visitar uno de los conventos de la zona. Los monjes entonces **comenzaron** a preparar la comida. Fray Pascual **se puso** a recoger los chiles, trozos de chocolate y las especias que **había** (1) por la cocina. Con las prisas **tropezó** frente a la cazuela donde se **estaba** (2) haciendo la comida. Poco después **llegó** el arzobispo. Cuando **probó** la comida, **exclamó**: "¡Exquisito!"

Eines Tages entschloss sich der Erzbischof von Puebla, ein Konvent der Gegend zu besuchen. Die Mönche fingen dann an, das Essen vorzubereiten. Bruder Pascual begann, die Chilis, die Schokoladenstücke und die Gewürze einzusammeln, die in der Küche herumlagen. In der Eile stolperte er gerade vor dem Topf, in dem das Essen gekocht wurde. Kurz danach kam der Erzbischof an. Als er das Essen probierte, rief er: „Köstlich!"

Übung 11
5; 1; 3; 6; 2; 4

Übung 12 Tipp
Ayer Agustín y yo **fuimos** a cenar a un restaurante mexicano. **Había** un ambiente muy agradable. Allí **vimos** a Rosita, nuestra vecina. **Estábamos** esperando al camarero, cuando de repente **apareció** ella para atendernos. ¡Qué sorpresa! Muy amablemente nos **explicó** lo que **era** todo y nos **ayudó** a elegir la cena. Al final **tomamos** pozole, un guiso que **estaba** riquísimo.

Übung 13
pedíais – pedisteis;
proponíamos – propusimos;
proponías – propusiste;
quería – quise;
querían – quisieron;
se divertía – se divirtió

Übung 14
1. C; **2.** A; **3.** B

Übung 15
1. e; **2.** c; **3.** f; **4.** a; **5.** d; **6.** b

Tipp 14 7
Denken Sie daran, dass das Verb **divertirse** mit einem Reflexivpronomen konjugiert wird.

Tipp 14 9
Vergessen Sie den Akzent bei der Indefinido-Form **decidí** nicht!

Tipp 14 10
1. Hier geht es um eine Beschreibung in der Vergangenheit, und daher verwendet man das Imperfekt.
2. Hier geht es um eine Hintergrundhandlung in der Vergangenheit, und daher verwendet man das Imperfekt.

Tipp 14 12
Denken Sie an die Akzentsetzung! Handelt es sich um eine Beschreibung oder Hintergrundhandlung in der Vergangenheit, verwendet man das Imperfekt.
Die Haupthandlung steht im Indefinido.

Tipp 15 11

Denken Sie daran, dass beim Gerundium mit angehängtem Pronomen ein Akzent gesetzt werden muss.

Tipp 15 12

1. Hier geht es um einen vorübergehenden Zustand.
2. Hier geht es um eine veränderliche bzw. für die Person untypische Eigenschaft.

Tipp 15 13

1 a. Hier geht es um einen vorübergehenden Zustand.
1 b. Hier geht es um eine charakterliche Eigenschaft.
2. Achten Sie auf das Adverb **bien**!
3. Hier geht es um einen vorübergehenden Zustand.
4 a. Hier wird gefragt, wie er ist, nicht wie es ihm geht!
4 b. Hier geht es um eine charakterliche Eigenschaft.

Übung 16

(Lösungsvorschlag)

Usted: Ayer tu padre y yo fuimos a cenar a este restaurante mexicano de la calle Colón … ¿cómo se llama?
Noelia: […]
Usted: Sí, eso es, Puebla.
Noelia: […]
Usted: Muy bien. Había un ambiente muy agradable. ¿Sabes a quién vimos en el restaurante?
Noelia: […]
Usted: A Rosita, la vecina.
Noelia: […]
Usted: ¿Y tú cómo lo sabes?
Noelia: […]
Usted: El caso es que tu padre y yo estábamos esperando al camarero, cuando de repente apareció ella para atendernos. ¡Qué sorpresa nos llevamos!
Noelia: […]
Usted: Tomamos pozole.
Noelia: […]
Usted: Pozole, un guiso de carne y maíz, que estaba riquísimo.

15

Übung 1

1. c; **2.** b; **3.** d; **4.** a; **5.** e

Übung 2

Reservierung – la reserva
Anmeldung – la matrícula
Kurs – el curso
Unterkunft – el alojamiento

Übung 4

1. Noelia: b, d, f, i;
2. Doña Amparo: a, c, e, g, h

Übung 6

Pläne und Absichten von Noelia und Doña Amparo:
Noelia, ¿tú no querías hacer un curso de inglés en Londres?
Mañana voy a hacer la reserva en la academia.
Pero pienso devolvértelo todo, de verdad.
Pues quiero irme de vacaciones a Benidorm con mis amigas.
También pienso ahorrar un poquito …

perdóname

Übung 7

1: Jordi; **2:** Chema, Noelia;
3: Noelia; **4:** Rosita; **5:** Chema, Jordi, Noelia, Rosita; **6:** Jordi;
7: Jordi, Rosita

Übung 9

1. b; **2.** c; **3.** a

Übung 10

(Lösungsvorschlag)

1. El próximo sábado voy a cenar con unos amigos.
2. Pienso pasar mis próximas vacaciones en México.
3. El próximo año quiero comprar un coche nuevo.
4. Tengo ganas de dar un paseo por el centro de la ciudad.

Übung 11 Tipp

1. Mañana tengo que levantarme temprano.
2. ¿Estás afeitándote, Agustín?

Übung 12 Tipp

1. ha estado; **2.** estás

Übung 13 Tipp

1. estoy (a), eres (b); **2.** ha estado
3. estás; **4.** es (a), es (b)

Übung 14
1. desde; **2.** desde hace; **3.** hace

Übung 15 Tipp
1. desde hace; **2.** desde; **3.** hace;
4. desde hace; **5.** desde

Übung 16 Tipp
hija mía

Übung 17 Tipp
1. sus; **2.** tuyo; **3.** tus; **4.** mis, tuyas;
5. suya

Übung 18
¿Adónde piensas ir el próximo verano?
El próximo fin de semana vamos a ir a la fiesta de Noelia.
Perdona, no sabía que estabas aquí.
¿Cómo es que no te han dicho nada?
Siento mucho llegar tarde.
¿Qué quieres hacer el día de tu cumpleaños?
¿No tienes ganas de tomar nada?
¡Qué ganas tengo de hablar con él!
¿Pero qué pasa que no vienes?
El próximo año voy a hacer un curso de inglés.

16

Übung 1
1. h; **2.** d; **3.** a; **4.** f; **5.** g; **6.** c; **7.** e;
8. b

Übung 2
1. h; **2.** e; **3.** g; **4.** c; **5.** f; **6.** d; **7.** a;
8. b

Übung 4
1. c; **2.** a; **3.** a; **4.** b; **5.** c

Übung 6
Vergleichsätze:
La del mío es más grande.
El que tengo en la oficina es mucho mejor.
Es mucho más cómodo que ir a la agencia de viajes.

tarjeta de crédito

Übung 7
Richtige Sätze: 1, 2, 5, 6, 7

Übung 8
Vamos a seguir **buscando**, a ver si encontramos algo…

Übung 9
ofertas; viajes; estancia; estrellas; vuelo; incluido; emilio

Übung 10
las que

Übung 11
1. los; **2.** la; **3.** las; **4.** lo

Übung 12
nos

Übung 13
1. e; **2.** a; **3.** c; **4.** f; **5.** d; **6.** b

Übung 14
estimados; nombre; reservar; doble; restaurante; aparcamiento; atentamente

Tipp 15 / 15
hace + Zeitraum ▸ *vor*
desde + Zeitpunkt ▸ *seit*
desde hace + Zeitraum ▸ *seit*

Tipp 15 / 16
Vergessen Sie den Akzent auf dem **i** bei **mía** nicht!

Tipp 15 / 17
Die unbetonten Possessivpronomen stehen vor dem Substantiv, die betonten Possessivpronomen allein oder nach dem Substantiv.

Übung 15
(Lösungsvorschlag)
Sie: ¿Diga?
Anrufer: […]
Sie: ¿De parte de quién?
Anrufer: […]
Sie: Un momento, por favor; ahora se pone.
Anrufer: […]

Übung 16
1. programa; 2. pantalla; 3. informática; 4. emilio; 5. navegar; 6. colgado; 7. portal

Revision 4

Übung 1
1. c; 2. d; 3. e; 4. b; 5. a

Übung 2
1. d; 2. e; 3. b; 4. c; 5. f; 6. a

Übung 3
(Lösungsvorschläge)
Estoy bien
Estoy cansado / a
Estoy preocupado / a
Estoy aburrido / a
Estoy enfadado / a
Estoy triste
Estoy enfermo / a
Estoy agotado / a
Estoy nervioso / s
Estoy muy contento / a

porque…

no sé dónde está la abuela.
llevo desde las tres esperando al jefe.
mi hija ha llegado muy tarde.
mi familia está lejos.
he dado un largo paseo con mis amigas.
mi amigo me ha regalado un ramo de flores.

Übung 4
1. pensáis, vamos; 2. piensa, va; 3. piensas, voy

Übung 5
1. c; 2. b

Übung 6
(Lösungsvorschlag)
1. Hace sol.
2. Después del colegio jugaba con mis amigos en el parque.
3. Vivo aquí desde hace un par de años.
4. Mañana voy a visitar a mis padres.
5. El próximo año pienso ir de vacaciones a la península de Yucatán.
6. Utilizo el ordenador para navegar por internet y para escribir "emilios".

Übung 7 Tipp
1. dabas; 2. estábamos, dijeron; 3. fuisteis; 4. encantaba; 5. viajaron; 6. hacía, decidimos; 7. vi; 8. almorzaba

Tipp R4 7
Überlegen Sie jeweils, ob es sich um die Haupthandlung oder um eine Beschreibung bzw. um eine Hintergrundhandlung handelt.

Übung 8
era; estábamos; queríamos; íbamos; propuso

Übung 9
1. –; 2. a; 3. a

Übung 10
1. desde; 2. desde hace; 3. hace

Übung 11
1. los; 2. la; 3. las; 4. lo

Übung 12
1. sigues; 2. seguís; 3. sigo

Übung 13
1. es; **2.** estás; **3.** están

Übung 14
febrero; junio; julio; agosto; octubre

Übung 15
1. g; **2.** d; **3.** f; **4.** a; **5.** c

Übung 16
1. calor; **2.** niebla; **3.** nublado; **4.** frío

Übung 17
1. c; **2.** b; **3.** b

Übung 18
1. la matrícula; **2.** aprender; **3.** el diploma

Übung 19 Tipp
1. bombero; **2.** rojo; **3.** sangría; **4.** collar; **5.** balcón; **6.** abierto; **7.** furgoneta; **8.** marido

Übung 20
1. b; **2.** a

Übung 21
1. la estancia; **2.** el viaje; **3.** el billete; **4.** el vuelo; **5.** el alojamiento

Übung 22
fin; fue; hotel; ciudad; visitamos / fuimos a; nos; vamos; ir

Übung 24
1. c; **2.** d; **3.** a; **4.** b

Tipp R4 19

1. Das Lösungswort ist keine Verwandtschaftsbezeichnung.
2. Das Lösungswort ist kein Getränk.
3. Das Lösungswort ist kein Einrichtungsgegenstand.
4. Das Lösungswort ist keine Charaktereigenschaft.
5. Das Lösungswort ist kein persönlicher Gegenstand.
6. Das Lösungswort ist kein Beruf.
7. Das Lösungswort ist kein Gericht.
8. Das Lösungswort ist kein Lebensmittel.

§ 1 Das Alphabet

Buchstaben	spanische Aussprache	Buchstaben	spanische Aussprache
a	a	**n**	ene
b	be	**ñ**	eñe
c	ce	**o**	o
ch	che, ce hache	**p**	pe
d	de	**q**	cu
e	e	**r, rr**	ere, erre
f	efe	**s**	ese
g	ge	**t**	te
h	hache	**u**	u
i	i	**v**	uve
j	jota	**w**	uve doble
k	ca	**x**	equis
l	ele	**y**	i griega
ll	elle	**z**	zeta
m	eme		

§ 2 Die Aussprache

Buchstabe	Stellung	Aussprache und fonetisches Zeichen	Beispiel
b und **v**	am Wortanfang zwischen Vokalen	[b] wie **b** in *bunt* [β] weicher, zwischen **b** und **v**	**B**arcelona, **v**iaje Boli**v**ia, La Ha**b**ana
c	vor **e**, **i** vor **a**, **o**, **u**	[θ] gelispelt wie im englischen *think* (*) [k] wie in *Käse*	**c**erveza **C**olombia, **C**uba
ch		[tʃ] wie **tsch** in *Tschüss*	**Ch**ile
g	vor **e**, **i**	[x] wie **ch** in *Ach!*	Ar**g**entina
gue/gui		[g] wie in *Geld* bzw. *Gitter* (**)	**Gui**tarra, **gue**rrilla
h		wird nicht ausgesprochen	**h**ola
j		[x] wie **ch** in *Ach!*	via**j**e
ll		[j] wie **j** in *Ja*, manchmal auch [l] wie etwa *lj*	pae**ll**a
ñ		[ɲ] wie **gn** in *Cognac*	Espa**ñ**a
qu		[k] wie in *Käse*	¿**Qu**é tal? **Qu**ito
r	im Wort am Wortanfang	[r] gerollt (mit der Zungenspitze) (***) [rr] stark gerollt	Pe**r**ú, ho**r**a **R**osita
rr		[rr] stark gerollt	guita**rr**a
x		[ks] wie im Deutschen Ausnahmen: wie das spanische **j**	ta**x**i Mé**x**ico
y	am Wortanfang und zwischen Vokalen ansonsten	[j] wie **j** in *ja* [i] wie **i**	**y**o, pla**y**a so**y**, Chema **y** Jordi
z		[θ] gelispelt wie im englischen *think* (*)	cerve**z**a

(*) In Lateinamerika und in einigen Gegenden Südspaniens (Andalusien, Kanarischen Inseln) wird anstelle des Lispellauts [θ] ein **s** ausgesprochen.

(**) In wenigen Wörtern muss das **u** bei **gue** und **gui** jedoch ausgesprochen werden. Dann wird dies durch zwei Pünktchen auf dem **u** angedeutet (**la cigüeña**, *der Storch*).

(***) Das einfache **r** entsteht im Spanischen nicht in der Gurgel, sondern in der Mundhöhle. Die ausatmende Luft wird durch ein kurzes Ansetzen der breiten Zungenspitze auf den vorderen Gaumen kurz unterbrochen.

Die spanische Sprache hat auch viele dialektale Färbungen und Unterschiede in der Aussprache. Sie sind jedoch nicht so groß, dass sie die Verständigung unter den verschiedenen spanischsprachigen Ländern behindern.

§ 3 Betonung und Akzentsetzung

1. Die meisten spanischen Wörter werden auf der vorletzten Silbe betont. Es sind Wörter, die auf Vokal, **-n** oder **-s** enden:
   amigo, **baños**, **examen**, **familia** (**-lia** zählt als eine Silbe)
2. Wörter, die auf Konsonant (außer **-n** und **-s**) enden, werden auf der letzten Silbe betont:
   español, **usted**, **señor**
3. Wörter, die von diesen Regeln abweichen, brauchen einen Akzent, der zeigt, auf welche Silbe die Betonung fällt:
   sofá, **balcón**, **carácter**, **teléfono**
4. Fragewörter tragen im Spanischen immer einen Akzent:
   ¿Qué? ¿Dónde? ¿Cómo? – *Was? Wo? Wie?*
5. Der Akzent wird auch verwendet, um die Bedeutung einsilbiger Wörter zu unterscheiden:
   el – *der* (Artikel) **él** – *er* (Personalpronomen)
   tu – *dein(e)* (Possessivadjektiv) **tú** – *du* (Personalpronomen)
6. Wird bei der Pluralbildung die Silbe **-es** an ein Wort angehängt, so verliert oder bekommt dieses Wort einen Akzent, damit dieselbe Wortsilbe auch im Plural betont bleibt:
   el catalán *der Katalane* – **los catalanes** *die Katalanen*
   el joven *der Jugendliche* – **los jóvenes** *die Jugendlichen*

§ 4 Die Artikel

1. Der bestimmte Artikel

	männlich	weiblich
Singular	**el**	**la**
Plural	**los**	**las**

Bsp.: **el sombrero – los sombreros**
der Hut – die Hüte
la información – las informaciones
die Information – die Informationen

Beachten Sie folgende Besonderheit: Wenn ein weibliches Substantiv mit einem betonten **a-** anfängt, wird es anstatt des weiblichen bestimmten Artikels **la** von dem männlichen **el** begleitet. Das Wort bleibt aber weiblich. Dies dient lediglich dazu, beim Sprechen den bestimmten Artikel von dem Substantiv zu unterscheiden: **el agua** (weiblich) – *das Wasser*.

2. Der unbestimmte Artikel

	männlich	weiblich
Singular	**un**	**una**
Plural	**unos**	**unas**

Bsp.: **un español** *(ein Spanier)*
una española *(eine Spanierin)*

Die unbestimmten Artikel haben auch eine Pluralform, die eine unbestimmte Menge angibt.
Bsp.: **Tengo unos buenos amigos en Madrid.**
Ich habe (einige) gute Freunde in Madrid.

Der unbestimmte Artikel im Plural kann jedoch auch im Spanischen weggelassen werden:
Bsp.: **Tengo buenos amigos en Madrid.**
Ich habe gute Freunde in Madrid.

§ 5 Die Substantive

Die spanischen Substantive sind entweder männlich oder weiblich.
Bsp.: **la luna** – *der Mond*; **el sol** – *die Sonne*.

Zum Geschlecht der Substantive gilt im Allgemeinen:
- Wörter, die auf **-o** enden, sind meistens männlich: **el piso** *(die Wohnung)*, **el amigo** *(der Freund)*
- Wörter, die auf **-a** enden, sind meistens weiblich: **la hora** *(die Stunde)*, **la amiga** *(die Freundin)*
- Wörter, die auf **-e** oder auf Konsonant enden, können männlich oder weiblich sein: **el viaje** *(die Reise)*, **la mujer** *(die Frau)*
- Wörter, die auf **-dad** enden, sind weiblich: **la verdad** *(die Wahrheit)*
- Wörter, die auf **-ción** enden, sind weiblich: **la información** *(die Information)*
- Wörter, die auf **-ema** enden, sind männlich: **el sistema** *(das System)*, **el tema** *(das Thema)*
- Wörter, die Personen bezeichnen und auf **-ista** enden, können männlich und weiblich sein: **el turista** *(der Tourist)* / **la turista** *(die Touristin)*

Es gibt aber auch Ausnahmen:
- Weibliche Substantive auf **-o**: **la foto** *(das Foto)*, **la radio** *(das Radio)*, **la mano** *(die Hand)*, usw.
- Männliche Substantive auf **-a**: **el día** *(der Tag)*

Um die Mehrzahl zu bilden, fügt man Substantiven ein **-s** hinzu.
Bsp.: **curso – cursos**; **hora – horas**

Substantiven, die mit Konsonant enden, fügt man **-es** hinzu.
Bsp.: **español – españoles**; **verdad – verdades**

§ 6 Das Adjektiv

1. Adjektive richten sich in Geschlecht und Zahl nach dem Substantiv, auf das sie sich beziehen:
   Maite ha comprado una casa nueva.
   Maite hat ein neues Haus gekauft.
   Ese chico es muy simpático.
   Dieser Junge ist sehr sympathisch.

2. Adjektive, die auf **-o** enden, bilden die weibliche Form auf **-a** (für die Pluralbildung gelten dieselben Regeln wie für Substantive):

	Singular	Plural
männlich	**un escritorio pequeño** *ein kleiner Schreibtisch*	**escritorios pequeños** *kleine Schreibtische*
weiblich	**una cocina pequeña** *eine kleine Küche*	**cocinas pequeñas** *kleine Küchen*

3. Adjektive die auf **-e** oder Konsonant enden, haben nur eine Form für männlich und weiblich (für die Pluralbildung gelten dieselben Regeln wie für Substantive):

	Singular	Plural
männlich	**un piso grande** *eine große Wohnung*	**pisos grandes** *große Wohnungen*
weiblich	**una cama grande** *ein großes Bett*	**camas grandes** *große Betten*

	Singular	Plural
männlich	**un viaje internacional** *eine internationale Reise*	**viajes internacionales** *internationale Reisen*
weiblich	**una ciudad internacional** *eine internationale Stadt*	**ciudades internacionales** *internationale Städte*

4. Die Adjektive stehen meist nach dem Substantiv:
¡Somos un piso interesante!
Wir sind eine interessante Wohngemeinschaft!

Einige Adjektive können aber auch vor dem Substantiv stehen, z. B. wenn eine subjektive Bewertung ausgedrückt wird:
Es una bella mujer.
Sie ist eine schöne Frau.

Vorangestellt werden **mucho**, **poco** und Adjektive in Grußformeln und Wünschen:
Tengo mucho trabajo.
Ich habe viel Arbeit.
Hoy hay poco tráfico.
Heute gibt es wenig Verkehr.
¡Buenos días!
Guten Tag! / Guten Morgen!
¡Felices vacaciones!
Schöne Ferien!

5. Einige Adjektive werden vor männlichen Substantiven im Singular verkürzt:

bueno ▸ buen	**un buen vino** *ein guter Wein*
malo ▸ mal	**un mal estudiante** *ein schlechter Student*

6. Bezieht sich ein Adjektiv auf mehrere Substantive oder Personen verschiedenen Geschlechts, so wird die männliche Pluralform verwendet:
¡El piso y la terraza son estupendos!
Die Wohnung und die Terrasse sind super!

7. Bei der Pluralbildung kann es zu Änderungen in der Schreibweise oder in der Akzentsetzung kommen:
El niño está feliz. – *Das Kind ist glücklich.*
Los niños están felices. –
Die Kinder sind glücklich.
Chema es joven. – *Chema ist jung.*
Chema y Jordi son jóvenes. –
Chema und Jordi sind jung.

§ 7 Nationalitätsadjektive / Berufsbezeichnungen

Im Spanischen sind Nationalitätsbezeichnungen immer Adjektive. Zusammen mit den Berufsbezeichnungen werden sie nach ihrer Endung klassifiziert:

– Wörter mit Endung auf **-o** bzw. **-a** für die männliche bzw. weibliche Form:
  mexicano / mexicana
  Mexikaner/in, mexikanisch
  el ingeniero / la ingeniera
  der Ingenieur/die Ingenieurin
– Wörter mit Endung auf Konsonant, welche die weibliche Form durch Anhängen von **-a** bilden:
  español / española
  Spanier/in, spanisch
  el profesor / la profesora
  der Lehrer/die Lehrerin
– Wörter mit Endung auf **-a** oder **-e** bleiben unverändert:
  canadiense / canadiense
  Kanadier/in, kanadisch
  el estudiante / la estudiante
  der Student/die Studentin
  belga
  Belgier/in, belgisch
  el taxista / la taxista
  der Taxifahrer/die Taxifahrerin

Die Pluralformen werden wie die Substantive gebildet:

mexicano-s	**mexicana-s**
español-es	**española-s**
canadiense-s	**canadiense-s**

Die Nationalitätsadjektive stehen immer nach dem Substantiv:
Chema es un chico español.
Chema ist ein spanischer Junge.

Neben den bisher genannten drei Wortklassen gibt es für die Nationalitätsadjektive darüber hinaus folgendes Schema:
iraní – *Iraner/in*
paquistaní – *Pakistaner/in*
iraquí – *Iraker/in*

§ 8 Die Verkleinerung

Verkleinerungsformen sind im Spanischen sehr geläufig und auch als Koseformen sehr beliebt. Sie werden durch Anhängen der Endung **-ito / -ita** gebildet:
¿Me pone una lechuguita (◀ lechuga)?
Geben Sie mir einen kleinen Kopfsalat (= Kopfsalätchen)?

In diesem Beispielsatz ist zu beachten, dass **-g-** zu **-gu-** wird, damit die Aussprache erhalten bleibt.

Bei Wörtern auf **-e** oder auf Konsonant wird die Endung **-cito / -cita** verwendet:
¿Tomamos un cafecito (◀ café) aquí?
Trinken wir einen kleinen Kaffee (= Käffchen) hier?

Diesem Beispielsatz können Sie entnehmen, dass es eventuell auch zu Akzentänderungen kommt.

Bei Wörtern, die **-z-**, **-c-** oder **-g-** in der letzten Silbe haben, treten folgende Änderungen in der Schreibweise auf, damit die Aussprache erhalten bleibt:
-z- ▶ **-c-**, z. B. **terraza** ▶ **terracita**
-c- ▶ **-qu-**, z. B. **un poco** ▶ **un poquito**
-g- ▶ **-gu-**, z. B. **lechuga** ▶ **lechuguita**

§ 9 Das Adverb

Während die Adjektive ein Substantiv näher bestimmen, bestimmen Adverbien ein Verb, ein Adjektiv, ein anderes Adverb oder einen ganzen Satz.
z. B.:
In dem Satz *Das ist ein gutes Restaurant* definiert das Wort *gutes* das Substantiv (wie das Restaurant ist), d. h. es ist ein Adjektiv.
In dem Satz *In dem Restaurant isst man gut* definiert das Wort *gut* das Verb (wie man isst), d. h. es ist ein Adverb.
Adverbien sind im Gegensatz zu den Adjektiven unveränderlich.

1. Adverbien auf *-mente*

Adverbien können im Spanischen von Adjektiven abgeleitet werden, indem man die Endung **-mente** an die weibliche Form des Adjektivs anhängt:
seguro / -a *(sicher)* ▶ **seguramente** *(sicherlich)*

Wenn das Adjektiv nur eine Form für männlich und weiblich hat, hängt man direkt die Endung **-mente** an:
fácil *(einfach)* ▶ **fácilmente** *(einfach, mühelos)*

! Wenn das Adjektiv einen Akzent trägt, bleibt er auch beim Adverb erhalten.

2. Unregelmäßige Adverbien

Bien und **mal** sind die entsprechenden Adverbien zu den Adjektiven **bueno / a** und **malo / a**:
Ellos se llevan bien.
Sie verstehen sich gut.
Ese chico me cae mal.
Ich mag diesen Jungen nicht.

3. Adverbien bzw. adverbiale Ausdrücke der Häufigkeit

siempre	*immer*
normalmente	*normalerweise*
con frecuencia	*oft, häufig*
varias veces	*mehrmals*
algunas veces	*einige Male*
a veces	*manchmal*
una vez	*einmal*
raramente	*selten*
casi nunca	*fast nie*
nunca	*nie*
todos los días	*jeden Tag*
cada día	*jeden Tag*
una vez al día / a la semana	*einmal am Tag / in der Woche*
una vez por día / por semana*	*einmal am Tag / in der Woche*
dos veces al mes / al año	*zweimal im Monat / im Jahr*

▼

dos veces por mes / por año* *zweimal im Monat / im Jahr*

* Statt der Präposition **a** kann man die Präposition **por** ohne Artikel benutzen:
una vez por año *(einmal pro Jahr)*; man verwendet aber eher die Präposition **a**.

§ 10 Der Vergleich

Bei Gleichheit:

tan + Adjektiv + como *(so … wie)*

Para mí hacer deporte es <u>tan</u> importante <u>como</u> salir con los amigos.
Für mich ist Sport treiben so wichtig wie mit den Freunden auszugehen.

tanto / -a / -os / -as + Substantiv + como *(so viel(e) … wie)*

Chema tiene <u>tantos</u> amigos <u>como</u> Jordi.
Chema hat so viele Freunde wie Jordi.

Tanto / -a / -os / -as stimmt mit dem Substantiv in Geschlecht und Zahl überein.

Bei Überlegenheit:

más + Adjektiv + que

Comer en la cantina es <u>más</u> práctico <u>que</u> comer en casa.
In der Kantine zu essen ist praktischer als zu Hause zu essen.

Bei Unterlegenheit:

menos + Adjektiv + que

Comer en casa es <u>menos</u> práctico <u>que</u> comer en la cantina.
Zu Hause zu essen ist weniger praktisch als in der Kantine zu essen.

Einige Adjektive haben unregelmäßige Formen für den Vergleich der Überlegenheit, z. B.:
bueno / -a *(gut)* ▸ **mejor** *(besser)*
malo / -a *(schlecht)* ▸ **peor** *(schlechter)*

§ 11 Die Steigerung

Ein sehr hoher Grad oder der höchste Grad einer Eigenschaft wird ausgedrückt, indem man das Adverb **muy** verwendet oder die Endung **-ísimo / -a / -os / -as** anhängt, und zwar wie folgt:

- Bei Adjektiven, die auf Konsonant enden, wird direkt **-ísimo** angehängt:
  muy fácil ▸ facil<u>ísimo</u> *sehr leicht*
- Bei Adjektiven, die auf Vokal enden, wird **-ísimo** anstelle des Endvokals angefügt:
  muy caro ▸ car<u>ísimo</u> *sehr teuer*
  muy grande ▸ grand<u>ísimo</u> *sehr groß*

Damit die Aussprache erhalten bleibt, muss man manchmal die Schreibweise ändern:
muy largo ▸ lar<u>gu</u>ísimo *sehr lang*
muy rico ▸ ri<u>qu</u>ísimo *sehr reich*

Besonders ausdrucksstarke Adjektive, wie z. B. **fantástico**, können keine Form mit der Endung **-ísimo** bilden. Stattdessen kann man sie mit **realmente** verstärken:
fantástico ▸ realmente fantástico
toll ▸ echt toll

§ 12 *muy / mucho*

Muy *(sehr)* und **mucho** als Adverb *(sehr, viel)* sind unveränderlich.

Muy steht vor Adjektiven (z. B. **amable**) oder Adverbien (z. B. **tarde**):
Es un chico muy amable.
Er ist ein sehr netter Junge.
¡Es muy tarde! – *Es ist sehr spät!*

Mucho steht nach dem Verb, auf das es sich bezieht, oder allein:
Nos hemos divertido mucho.
Wir haben uns sehr amüsiert.
¿Le ha gustado, abuela? – ¡Mucho!
Hat es Ihnen gefallen, Großmutter? – Sehr!

▼

! Aufgepasst: **mucho** kann auch als Adjektiv auftreten, d. h. in diesem Fall gleicht es sich an das Substantiv an, auf das es sich bezieht:
Tengo muchas amigas en México.
Ich habe viele Freundinnen in Mexiko.

§ 13 Regelmäßige Verben

Die Verben im Spanischen werden ihren Infinitivendungen entsprechend in drei Gruppen eingeteilt:

1. Konjugation: Verben mit Endung auf **-ar**
2. Konjugation: Verben mit Endung auf **-er**
3. Konjugation: Verben mit Endung auf **-ir**

Die regelmäßigen Verben werden im Präsens folgendermaßen konjugiert:

1. Regelmäßige Verben auf *-ar*:

An den Wortstamm (d. h. was übrig bleibt, wenn man die Endung **-ar** weglässt) werden die folgenden Endungen angehängt:

trabaj-ar *(arbeiten)*

yo	trabaj-**o**	*ich arbeite*
tú	trabaj-**as**	*du arbeitest*
él, ella, usted	trabaj-**a**	*usw.*
nosotros, nosotras	trabaj-**amos**	
vosotros, vosotras	trabaj-**áis**	
ellos, ellas, ustedes	trabaj-**an**	

2. Regelmäßige Verben auf *-er*:

An den Wortstamm werden die folgenden Endungen angehängt:

com-er *(essen)*

yo	com-**o**	*ich esse*
tú	com-**es**	*du isst*
él, ella, usted	com-**e**	*usw.*
nosotros, nosotras	com-**emos**	
vosotros, vosotras	com-**éis**	
ellos, ellas, ustedes	com-**en**	

3. Regelmäßige Verben auf *-ir*:

An den Wortstamm werden die folgenden Endungen angehängt:

viv-ir *(wohnen, leben)*

yo	viv-**o**	*ich wohne*
tú	viv-**es**	*du wohnst*
él, ella, usted	viv-**e**	*usw.*
nosotros, nosotras	viv-**imos**	
vosotros, vosotras	viv-**ís**	
ellos, ellas, ustedes	viv-**en**	

§ 14 Unregelmäßige Verben

Die unregelmäßigen Verben werden im Präsens folgendermaßen konjugiert:

1. Unregelmäßige Verben in der ersten Person Singular:

estar *(sein, sich befinden, liegen)*

yo	**estoy**	*ich bin*
tú	**est-ás**	*du bist*
él, ella, usted	**est-á**	*er, sie ist/ Sie sind*
nosotros, nosotras	**est-amos**	*wir sind*
vosotros, vosotras	**est-áis**	*ihr seid*
ellos, ellas, ustedes	**est-án**	*sie, Sie sind*

Weitere unregelmäßige Verben in der ersten Person Singular:

hacer *(machen, tun)* ▸ yo hago
poner *(stellen, legen, geben)* ▸ yo pongo
traer *(bringen)* ▸ yo traigo
conocer *(kennen)* ▸ yo conozco
saber *(wissen)* ▸ yo **sé**
ver *(sehen)* ▸ yo **veo**
▾

2. Unregelmäßige Verben mit Änderung im Stamm:

Bei einigen Verben ändert sich der Stammvokal bei den Formen, bei denen die Betonung auf den Wortstamm fällt (das sind alle Personen außer **nosotros** und **vosotros**):

e ▸ ie

querer *(wollen, möchten)*

yo	**quier**-o	*ich will*
tú	**quier**-es	*du willst*
él, ella, usted	**quier**-e	*usw.*
nosotros, nosotras	quer-emos	
vosotros, vosotras	quer-éis	
ellos, ellas, ustedes	**quier**-en	

preferir *(vorziehen)*

yo	pref**ier**-o	*ich ziehe vor*
tú	pref**ier**-es	*du ziehst vor*
él, ella, usted	pref**ier**-e	*usw.*
nosotros, nosotras	prefer-imos	
vosotros, vosotras	prefer-ís	
ellos, ellas, ustedes	pref**ier**-en	

Dies gilt ebenso für folgende Verben:
empezar *(anfangen)*
pensar *(denken)*
sentirse *(sich fühlen)*

o ▸ ue

poder *(können, dürfen)*

yo	**pued**-o	*ich kann*
tú	**pued**-es	*du kannst*
él, ella, usted	**pued**-e	*usw.*
nosotros, nosotras	pod-emos	
vosotros, vosotras	pod-éis	
ellos, ellas, ustedes	**pue**-den	

Dies gilt ebenso für folgende Verben:
almorzar *(zu Mittag essen)*
acostarse *(ins Bett gehen)*
dormir *(schlafen)*
doler *(weh tun)*

Bitte beachten Sie: Das Verb **doler** wird mit einem indirekten Pronomen verwendet:
Me duele la mano. – *Mir tut die Hand weh.*

e ▸ i

seguir *(weitergehen, weitermachen)*

yo	**sig**-o	*ich gehe weiter*
tú	**sigu**-es	*du gehst weiter*
él, ella, usted	**sigu**-e	*usw.*
nosotros, nosotras	segu-imos	
vosotros, vosotras	segu-ís	
ellos, ellas, ustedes	**sigu**-en	

Dies gilt ebenso für folgende Verben:
conseguir *(erreichen, finden)*
elegir *(wählen, auswählen)*
freír *(frittieren, braten)*
pedir *(bestellen)*
repetir *(wiederholen)*
servir *(dienen)*
vestir *(kleiden)*

Bei den Verben **seguir**, **conseguir** und **elegir** ist außerdem zu beachten, dass es in der ersten Person Singular zu einer orthographischen Veränderung kommt, damit die Aussprache erhalten bleibt.

-gu- ▸ -g-:	se**gu**ir ▸ si**g**o
	conse**gu**ir ▸ consi**g**o
-g- ▸ -j-:	ele**g**ir ▸ eli**j**o

3. Gemischte Verben:

Diese Verben haben nicht nur eine unregelmäßige erste Person Singular, sondern sie weisen auch eine Veränderung des Stammvokals auf.

tener *(haben)*

yo	**teng**-o	*ich habe*
tú	**tien**-es	*du hast*
él, ella, usted	**tien**-e	*usw.*
nosotros, nosotras	ten-emos	
vosotros, vosotras	ten-éis	
ellos, ellas, ustedes	**tien**-en	

▼

decir *(sagen)*

yo	dig-o	*ich sage*
tú	dic-es	*du sagst*
él, ella, usted	dic-e	*usw.*
nosotros, nosotras	dec-imos	
vosotros, vosotras	dec-ís	
ellos, ellas, ustedes	dic-en	

4. Sehr unregelmäßige Verben:

ser *(sein)*

yo	**soy**	*ich bin*
tú	**eres**	*du bist*
él, ella, usted	**es**	*usw.*
nosotros, nosotras	**somos**	
vosotros, vosotras	**sois**	
ellos, ellas, ustedes	**son**	

ir *(gehen)*

yo	**voy**	*ich gehe*
tú	**vas**	*du gehst*
él, ella, usted	**va**	*usw.*
nosotros, nosotras	**vamos**	
vosotros, vosotras	**vais**	
ellos, ellas, ustedes	**van**	

§ 15 Das Perfekt / Form und Gebrauch

1. Form

Das Perfekt besteht aus zwei Teilen:
Form von **haber** + Partizip vom Verb (unveränderlich)

z. B. **he** **trabajado**
ich habe *gearbeitet*

Die Verben auf **-ar** (z. B. **trabajar**) bilden das Partizip mit der Endung **-ado** (z. B. **trabajado**). Die Verben auf **-er** und **-ir** (z. B. **comer**, **vivir**) bilden das Partizip mit der Endung **-ido** (z. B. **comido**, **vivido**).

So wird die ganze Form konjugiert:

yo	**he**	*habe*	**trabajado**
tú	**has**	*hast*	*gearbeitet*
él, ella, usted	**ha**	*hat*	**comido**
nosotros, nosotras	**hemos**	*haben*	*gegessen*
vosotros, vosotras	**habéis**	*habt*	**vivido**
ellos, ellas, ustedes	**han**	*haben*	*gewohnt*

Im Folgenden einige unregelmäßige Formen des Partizips:

abrir ▸ **abierto** *(geöffnet)*
decir ▸ **dicho** *(gesagt)*
escribir ▸ **escrito** *(geschrieben)*
hacer ▸ **hecho** *(gemacht)*
poner ▸ **puesto** *(gestellt, gesetzt, gelegt)*
ver ▸ **visto** *(gesehen)*
volver ▸ **vuelto** *(zurückgekehrt)*

Wenn ein Pronomen – sei es im Akkusativ oder Dativ oder sei es ein Reflexivpronomen – ein Verb im Perfekt begleitet, steht es unmittelbar vor dem Verb:
¿Has visto a la abuela en el bar de Paco?
Hast du die Großmutter in der Bar von Paco gesehen?
Sí, la he visto. *Ja, ich habe sie gesehen.*

Im Fall einer Verneinung steht diese nicht wie sonst üblich direkt vor dem Verb, sondern vor dem Pronomen:
No, no la he visto.
Nein, ich habe sie nicht gesehen.

2. Gebrauch

Das Perfekt ist eine Vergangenheitsform, die in enger Beziehung zur Gegenwart steht. Es wird deshalb zusammen mit Zeitangaben gebraucht, die auf die Gegenwart bzw. auf einen noch gegenwärtigen Zeitraum hinweisen: **hoy** *(heute)*, **esta mañana** *(heute morgen)*, **esta semana** *(diese Woche)*, **este año** *(dieses Jahr)*.

¿Qué has hecho hoy?
Was hast du heute gemacht?

▼

Este año he trabajado mucho.
Dieses Jahr habe ich viel gearbeitet.

Außerdem wird das Perfekt für Ereignisse gebraucht, deren Zeitpunkt nicht näher bestimmt wird bzw. keine Rolle spielt, z. B. **alguna vez** *(einmal)*, **todavía no** *(noch nicht)*, **muchas veces** *(oft)*, **nunca** *(nie/niemals)*.

¿Has estado alguna vez en Madrid?
Bist du schon einmal in Madrid gewesen?
No hemos ido nunca a Valencia.
Wir sind nie nach Valencia gefahren.

§ 16 Das Indefinido / Form und Gebrauch

1. Form

Regelmäßige Formen

Verben auf **-ar**:

yo	**trabaj-é**	*ich arbeitete*
tú	**trabaj-aste**	*du arbeitetest*
él, ella, usted	**trabaj-ó**	*usw.*
nosotros, nosotras	**trabaj-amos**	
vosotros, vosotras	**trabaj-asteis**	
ellos, ellas, ustedes	**trabaj-aron**	

Verben auf **-er**:

yo	**com-í**	*ich aß*
tú	**com-iste**	*du aßest*
él, ella, usted	**com-ió**	*usw.*
nosotros, nosotras	**com-imos**	
vosotros, vosotras	**com-isteis**	
ellos, ellas, ustedes	**com-ieron**	

Verben auf **-ir**:

yo	**viv-í**	*ich wohnte*
tú	**viv-iste**	*du wohntest*
él, ella, usted	**viv-ió**	*usw.*
nosotros, nosotras	**viv-imos**	
vosotros, vosotras	**viv-isteis**	
ellos, ellas, ustedes	**viv-ieron**	

Unregelmäßige Formen

ser und **ir**
Diese Verben haben im Indefinido identische Formen (die jeweilige Bedeutung wird durch den Kontext klar):

yo	**fui**	*ich war/ging*
tú	**fuiste**	*du warst/gingst*
él, ella, usted	**fue**	*usw.*
nosotros, nosotras	**fuimos**	
vosotros, vosotras	**fuisteis**	
ellos, ellas, ustedes	**fueron**	

Verben mit unregelmäßigem Stamm (für alle gelten jedoch die gleichen Endungen):

tener

yo	**tuv-e**	*ich hatte*
tú	**tuv-iste**	*du hattest*
él, ella, usted	**tuv-o**	*usw.*
nosotros, nosotras	**tuv-imos**	
vosotros, vosotras	**tuv-isteis**	
ellos, ellas, ustedes	**tuv-ieron**	

estar

yo	**estuv-e**	*ich war*
tú	**estuv-iste**	*du warst*
él, ella, usted	**estuv-o**	*usw.*
nosotros, nosotras	**estuv-imos**	
vosotros, vosotras	**estuv-isteis**	
ellos, ellas, ustedes	**estuv-ieron**	

saber

yo	**sup-e**	*ich wusste*
tú	**sup-iste**	*du wusstest*
él, ella, usted	**sup-o**	*usw.*
nosotros, nosotras	**sup-imos**	
vosotros, vosotras	**sup-isteis**	
ellos, ellas, ustedes	**sup-ieron**	

poder

yo	**pud-e**	*ich konnte*
tú	**pud-iste**	*du konntest*
él, ella, usted	**pud-o**	*usw.*
nosotros, nosotras	**pud-imos**	
vosotros, vosotras	**pud-isteis**	
ellos, ellas, ustedes	**pud-ieron**	

poner

yo	**pus-e**	*ich stellte*
tú	**pus-iste**	*du stelltest*
él, ella, usted	**pus-o**	*usw.*
nosotros, nosotras	**pus-imos**	
vosotros, vosotras	**pus-isteis**	
ellos, ellas, ustedes	**pus-ieron**	

Das Verb **proponer** *(vorschlagen)* wird wie **poner** konjugiert.

Achtung! Das Indefinido von **hay** *(es gibt)* lautet **hubo**.

querer

yo	**quis-e**	*ich wollte*
tú	**quis-iste**	*du wolltest*
él, ella, usted	**quis-o**	*usw.*
nosotros, nosotras	**quis-imos**	
vosotros, vosotras	**quis-isteis**	
ellos, ellas, ustedes	**quis-ieron**	

venir

yo	**vin-e**	*ich kam (mit)*
tú	**vin-iste**	*du kamst (mit)*
él, ella, usted	**vin-o**	*usw.*
nosotros, nosotras	**vin-imos**	
vosotros, vosotras	**vin-isteis**	
ellos, ellas, ustedes	**vin-ieron**	

hacer (in der dritten Person Singular wird ein Buchstabe ausgetauscht: **c ▸ z**)

yo	**hic-e**	*ich machte*
tú	**hic-iste**	*du machtest*
él, ella, usted	**hiz-o**	*usw.*
nosotros, nosotras	**hic-imos**	
vosotros, vosotras	**hic-isteis**	
ellos, ellas, ustedes	**hic-ieron**	

decir (in der dritten Person Plural wird ein Buchstabe der Endung weggelassen: **ieron ▸ eron**)

yo	**dij-e**	*ich sagte*
tú	**dij-iste**	*du sagtest*
él, ella, usted	**dij-o**	*usw.*
nosotros, nosotras	**dij-imos**	
vosotros, vosotras	**dij-isteis**	
ellos, ellas, ustedes	**dij-eron**	

Dies gilt ebenso für das Verb **traer**:

yo	**traj-e**	*ich brachte*
tú	**traj-iste**	*du brachtest*
él, ella, usted	**traj-o**	*usw.*
nosotros, nosotras	**traj-imos**	
vosotros, vosotras	**traj-isteis**	
ellos, ellas, ustedes	**traj-eron**	

Bei den Verben auf **-ir**, die im Präsens einen Vokalwechsel haben (z. B. **pedir ▸ (yo) pido**, **divertirse ▸ (yo) me divierto**), wechselt auch im Indefinido der Stammvokal immer von **e** zu **i**, aber nur in der dritten Person Singular und Plural:

yo	**ped-í**	*ich bestellte*
tú	**ped-iste**	*du bestelltest*
él, ella, usted	**pid-ió**	*usw.*
nosotros, nosotras	**ped-imos**	
vosotros, vosotras	**ped-isteis**	
ellos, ellas, ustedes	**pid-ieron**	

Dies gilt ebenso für das Verb **divertirse** *(sich amüsieren)*.

▼

Auch bei den Verben auf **-ir**, die im Präsens den Vokalwechsel **o ▸ ue** aufweisen (z. B. **dormir ▸ (yo) duermo**), wechselt im Indefinido der Stammvokal immer von **o** zu **u**, aber nur in der dritten Person Singular und Plural:

yo	**dorm-í**	*ich schlief*
tú	**dorm-iste**	*du schliefst*
él, ella, usted	**durm-ió**	*usw.*
nosotros, nosotras	**dorm-imos**	
vosotros, vosotras	**dorm-isteis**	
ellos, ellas, ustedes	**durm-ieron**	

Einige Verben ändern ihre Schreibweise im Indefinido, damit die Aussprache erhalten bleibt. So werden **c**, **z** oder **g** am Ende des Wortstamms vor dem **e** der ersten Person Singular zu **qu**, **c** oder **gu**:

buscar

yo	**busqu-é**	*ich suchte*
tú	**busc-aste**	*du suchtest*
él, ella, usted	**busc-ó**	*usw.*
nosotros, nosotras	**busc-amos**	
vosotros, vosotras	**busc-asteis**	
ellos, ellas, ustedes	**busc-aron**	

empezar

yo	**empec-é**	*ich fing an*
tú	**empez-aste**	*du fingst an*
él, ella, usted	**empez-ó**	*usw.*
nosotros, nosotras	**empez-amos**	
vosotros, vosotras	**empez-asteis**	
ellos, ellas, ustedes	**empez-aron**	

llegar

yo	**llegu-é**	*ich kam an*
tú	**lleg-aste**	*du kamst an*
él, ella, usted	**lleg-ó**	*usw.*
nosotros, nosotras	**lleg-amos**	
vosotros, vosotras	**lleg-asteis**	
ellos, ellas, ustedes	**lleg-aron**	

Bei einigen Verben wie **leer** kommt es zu einer Veränderung des Endungsvokals **i ▸ y**, aber nur in der dritten Person Singular und Plural:

yo	**le-í**	*ich las*
tú	**le-íste**	*du last*
él, ella, usted	**le-yó**	*usw.*
nosotros, nosotras	**le-ímos**	
vosotros, vosotras	**le-ísteis**	
ellos, ellas, ustedes	**le-yeron**	

Achten Sie dabei auf die Akzente auf dem Vokal **i**.

Dies gilt ebenso für das Verb **creer** *(glauben)*.

2. Gebrauch

Das Indefinido drückt Handlungen oder Ereignisse aus, die vom Sprechenden als abgeschlossen betrachtet werden. Deshalb steht das Indefinido häufig in Verbindung mit Zeitangaben wie z. B. **el otro día** *(neulich)*, **ayer** *(gestern)*, **la semana pasada** *(letzte Woche)*, **el mes pasado** *(letzten Monat)*, **el año pasado** *(letztes Jahr)*, **en 1970** *(1970)*.
El otro día vi a Rosita en el médico y hablamos un rato.
Neulich sah ich Rosita beim Arzt und wir redeten eine Weile.

Das Indefinido wird in einigen Regionen Spaniens und in den meisten Ländern Lateinamerikas anstelle des Perfekts benutzt:
¿Adónde fuiste hoy? / ¿Adónde has ido hoy?
Wohin gingst du heute? / Wohin bist du heute gegangen?

§ 17 Das Imperfekt / Form und Gebrauch

1. Form

Das Imperfekt (**imperfecto**) ist eine weitere Vergangenheitsform.

Regelmäßige Formen

Verben auf **-ar** (z. B. **trabaj-ar**):

yo	**trabaj-aba**
tú	**trabaj-abas**
él, ella, usted	**trabaj-aba**
nosotros, nosotras	**trabaj-ábamos**
vosotros, vosotras	**trabaj-abais**
ellos, ellas, ustedes	**trabaj-aban**

Verben auf **-er** und **-ir** (z. B. **com-er / viv-ir**):

yo	**com-ía / viv-ía**
tú	**com-ías / viv-ías**
él, ella, usted	**com-ía / viv-ía**
nosotros, nosotras	**com-íamos / viv-íamos**
vosotros, vosotras	**com-íais / viv-íais**
ellos, ellas, ustedes	**com-ían / viv-ían**

Unregelmäßige Formen

ser	**ver**	**ir**
era	**veía**	**iba**
eras	**veías**	**ibas**
era	**veía**	**iba**
éramos	**veíamos**	**íbamos**
erais	**veíais**	**ibais**
eran	**veían**	**iban**

! Das Imperfekt von **hay** *(es gibt)* lautet **había**.

2. Gebrauch

Das Imperfekt dient zur Beschreibung vergangener Situationen, Zustände und Umstände. Betrachten Sie folgende Beispiele:

- einen Zustand beschreiben:
  ¡Estábamos preocupadísimas!
  Wir waren sehr besorgt!
- einen Gegenstand bzw. Sachverhalt beschreiben:
  El restaurante era precioso.
  Das Restaurant war sehr schön.
- eine Person beschreiben:
  Tenía los ojos azules.
  Er/Sie hatte blaue Augen.
- eine Situation beschreiben:
  Hacía mucho calor.
  Es war sehr warm.
- eine Situation beschreiben, die den Hintergrund bzw. Umstand für eine neu eintretende Handlung bildet (die neue Handlung steht dann im Indefinido oder Perfekt):
  La temperatura era muy agradable, había mucha gente en la plaza y el grupo musical era excelente, así que decidimos sentarnos en una terraza y tomar algo.
  Die Temperatur war sehr angenehm, es waren viele Leute auf dem Platz und die Musikgruppe war ausgezeichnet. Dann haben wir entschieden, uns auf eine ‚Terraza' zu setzen und etwas zu trinken.
- wiederholte Handlungen und Gewohnheiten in der Vergangenheit beschreiben:
  Cuando tenía tu edad, iba a bailar a las verbenas.
  Als ich in deinem Alter war, bin ich (immer) auf den Dorffesten tanzen gegangen.

Das Imperfekt steht häufig mit Angaben wie **antes** *(früher)*, **siempre** *(immer)*, **todos los días** *(jeden Tag)*, **mientras** *(während)*, usw.
Das Indefinido, mit dem neu einsetzende Handlungen ausgedrückt werden, steht häufig mit Angaben wie **entonces** *(dann)*, **de repente** *(plötzlich)*, **de pronto** *(auf einmal)*, **enseguida** *(sofort)*, **un día** *(eines Tages)*, usw.

§ 18 Das Gerundium / Form und Gebrauch

1. Form

Das Gerundium lässt sich sehr leicht vom Infinitiv ableiten:
Verben auf **-ar** tauschen ihre Endung gegen **-ando**;
Verben auf **-er** und **-ir** tauschen ihre Endung gegen **-iendo**:

trabajar ▸ **trabajando**
comer ▸ **comiendo**
vivir ▸ **viviendo**

▾

Es gibt auch einige unregelmäßige Formen des Gerundiums:
- Änderung des Stammvokals **e ▸ i** (wie in den Präsensformen der entsprechenden Verben):
  decir ▸ diciendo
- Änderung des Stammvokals **o ▸ u**:
  dormir ▸ durmiendo
- Wenn der Verbstamm auf Vokal endet, wird die Endung **-iendo** zu **-yendo**:
  leer ▸ leyendo

Dies geschieht auch bei dem Verb **ir ▸ yendo**

2. Gebrauch

Um eine Handlung, die gerade stattfindet, zu beschreiben, verwendet man die Struktur **estar** + Gerundium:
¡Estoy preparando algo de cena!
Ich koche gerade etwas zum Abendessen!

Wenn der Satz ein Pronomen enthält, steht es entweder vor dem Verb **estar** oder es wird an das Gerundium angehängt. In diesem Fall ist ein Akzent erforderlich, damit die Betonung erhalten bleibt:
Le estoy escribiendo una carta. = Estoy escribiéndole una carta.
Ich schreibe ihm gerade einen Brief.
¿Te estás afeitando, Agustín? = ¿Estás afeitándote, Agustín?
Rasierst du dich gerade, Agustín?

Das Gerundium kann auch allein vorkommen und steht dann anstelle eines Nebensatzes *(indem …, wenn …)*:
Comiendo en la cantina se ahorra tiempo y dinero.
Wenn man in der Kantine isst, spart man Zeit und Geld.

Sehr häufig tritt das Gerundium in Verbindung mit den Verben **pasar** *(verbringen)* und **seguir** *(weitermachen)* auf:
Yo siempre paso las tardes leyendo.
Ich verbringe die Abende immer mit Lesen.
Vamos a seguir buscando.
Lass uns weitersuchen.

§ 19 *ser / estar*

Ser wird für folgende Angaben verwendet:
- Namen, Identität:
  Yo soy Chema. *Ich bin Chema.*
  Esta es mi hermana. *Das ist meine Schwester.*
- Herkunft, Nationalität:
  Rosita es mexicana. *Rosita ist Mexikanerin.*
- Beruf, Stellung:
  Agustín es jefe del departamento de ventas.
  Agustín ist Leiter der Verkaufsabteilung.
- charakteristische Eigenschaften von Personen und Dingen (Beschreibung):
  Chema y Jordi son muy simpáticos.
  Chema und Jordi sind sehr sympathisch.
  México es un país fantástico.
  Mexiko ist ein tolles Land.
- Uhrzeit:
  Es la una y media. *Es ist halb zwei.*
  Son las ocho. *Es ist acht Uhr.*

Estar wird für folgende Angaben verwendet:
- geographische / örtliche Lage:
  El bolso está encima de la mesa.
  Die Tasche ist auf dem Tisch.
- persönliches Befinden:
  ¿Cómo está usted? *Wie geht es Ihnen?*
- vorübergehende oder veränderliche Zustände und Eigenschaften:
  La habitación está desordenada.
  Das Zimmer ist unordentlich.
  Estoy muy contenta en Madrid.
  Ich bin sehr zufrieden in Madrid.
- Bewertungen für Speisen und Getränke:
  Estas naranjas están muy ricas.
  Diese Orangen sind sehr lecker.
- mit dem Adverb **bien**:
  ¿Está bien así? *Ist es gut so?*

Beachten Sie! Einige Adjektive haben jeweils eine andere Bedeutung, je nachdem ob sie mit **ser** oder **estar** stehen:
ser cansado / -a – *ermüdend, anstrengend sein*
estar cansado / -a – *müde sein*

§ 20 *hay / está* bzw. *están*

Hay entspricht dem deutschen *es gibt* und ist die unveränderliche Form im Präsens von **haber** *(haben)*.

Es wird verwendet, wenn keine bestimmte Sache oder Person gemeint ist.
Deshalb steht **hay**:

- vor dem unbestimmten Artikel:
  En esta casa hay un ladrón.
  In diesem Haus gibt es einen Dieb.
- vor Wörtern im Plural ohne Artikel:
  En Madrid hay museos interesantes.
  In Madrid gibt es interessante Museen.
- vor Zahlwörtern:
  Encima de la mesa hay dos bolígrafos.
  Auf dem Tisch sind zwei Kugelschreiber.

Die Formen **está / están** werden verwendet, wenn man von einer bestimmten Person bzw. Sache spricht. Deshalb stehen diese Formen vor dem bestimmten Artikel oder auch vor dem Possessiv:
¿Dónde está la abuela?
Wo ist die Großmutter?
Aquí están la agenda y el móvil.
Hier sind der Terminkalender und das Handy.
¿Dónde está tu hermano?
Wo ist dein Bruder?

§ 21 Reflexive Verben

Reflexive Verben erkennt man an der Infinitivendung **-se**, z. B. **ducharse** *(sich duschen)*, **llamarse** *(heißen)*. Sie benötigen ein reflexives Pronomen *(mich, dich, sich, …)*.
Sie setzen sich zusammen aus dem Reflexivpronomen und der Verbform der jeweiligen Person:

yo	**me**	**llamo**	*ich heiße*
tú	**te**	**llamas**	*du heißt*
él, ella, usted	**se**	**llama**	*usw.*
nosotros, nosotras	**nos**	**llamamos**	
vosotros, vosotras	**os**	**llamáis**	
ellos, ellas, ustedes	**se**	**llaman**	

Beachten Sie, dass einige Verben im Spanischen reflexiv gebraucht werden, die im Deutschen jedoch nicht reflexiv sind, z. B. **levantarse** *(aufstehen)* oder **llamarse** *(heißen)*.

§ 22 Die unpersönliche Form *se*

Bei allgemeinen Formulierungen wird im Spanischen die unpersönliche dritte Person **se** *(= man)* verwendet. Das Verb steht dann in der dritten Person Singular oder aber in der dritten Person Plural, wenn das Objekt des Satzes ein Substantiv im Plural ist:
En ese bar se come un jamón muy bueno.
In dieser Bar isst man einen sehr guten Schinken.
En ese bar se comen unas croquetas muy ricas.
In dieser Bar isst man leckere Kroketten.

§ 23 Infinitivkonstruktionen

es + Adjektiv + Infinitiv

Unpersönliche Ausdrücke kann man durch die Struktur **(no) es** + Adjektiv + Infinitiv ausdrücken:
Es importante descansar.
Es ist wichtig auszuruhen.

hay que + Infinitiv

Mit diesem unpersönlichen Ausdruck wird eine Verpflichtung oder Notwendigkeit in der unpersönlichen Form ausgedrückt:
Hay que dormir 7 horas como mínimo.
Man muss mindestens 7 Stunden schlafen.

Beachten Sie: Auch durch **tener que** + Infinitiv wird eine Verpflichtung oder Notwendigkeit ausgedrückt, aber das Subjekt muss in diesem Fall genannt werden, und somit ist keine unpersönliche Formulierung möglich:

▼

Tienes que trabajar menos.
Du musst/solltest weniger arbeiten.

querer (wollen, möchten) + Infinitiv

Mit dieser Struktur wird ein Wunsch bzw. eine Absicht geäußert:
¿Qué quieres tomar?
Was möchtest du trinken?
En abril quiero visitar Sevilla.
Im April will ich Sevilla besuchen.

ir a + Infinitiv

Diese Struktur wird verwendet, um ein Vorhaben oder einen Plan in der nahen Zukunft auszudrücken:
Mañana voy a dar un paseo con mis amigas.
Morgen gehe ich mit meinen Freundinnen spazieren.

pensar + Infinitiv *(vorhaben …)*

Diese Struktur wird verwendet, um ein Vorhaben bzw. einen Plan ausdrücken:
También pienso ahorrar un poquito …
Ich habe auch vor, ein bisschen zu sparen …

§ 24 Die Verneinung

No steht immer vor dem Verb und vor den Reflexiv-, Akkusativ- oder Dativpronomen, und kann *nein, nicht* oder *kein/e* bedeuten:
¿Vives en Madrid? – No, vivo en Barcelona.
Wohnst du in Madrid? – Nein, ich wohne in Barcelona.
Yo no me llamo María, sino Marisa.
Ich heiße nicht María, sondern Marisa.
Félix no tiene dinero. *Félix hat kein Geld.*

Bitte beachten Sie folgenden Unterschied:
No, soy de México. — **No soy de México.**
Nein, ich bin aus Mexiko. — *Ich bin nicht aus Mexiko.*

Beim Aussprechen des Satzes **No, soy de México** muss man eine Pause nach dem **no** machen (dem geschriebenen Komma entsprechend), denn sonst wird der Satz verneint

Die doppelte Verneinung

Bei Wörtern wie **nada** *(nichts)*, **ningún / ninguno / ninguna** *(kein/e/er)*, **nunca** *(nie, niemals)* und **ni … ni** *(weder … noch)* ist im Spanischen eine doppelte Verneinung mit **no** erforderlich, wenn diese Ausdrücke nach dem Verb stehen:
No quiero beber nada, gracias.
Ich möchte nichts trinken, danke.
No me gusta ninguna falda de esa tienda.
Ich mag keinen Rock von diesem Geschäft.
No he estado nunca en México.
Ich bin nie in Mexiko gewesen.
No tomo ni café ni té.
Ich trinke weder Kaffee noch Tee.

§ 25 Subjektpronomen

Die Subjektpronomen sind:

Singular	1. Person	**yo**	*ich*
	2. Person	**tú**	*du*
	3. Person	**él, ella, usted**	*er, sie, Sie (Singular)*
Plural	1. Person	**nosotros, nosotras**	*wir*
	2. Person	**vosotros, vosotras**	*ihr*
	3. Person	**ellos, ellas, ustedes**	*sie, Sie (Plural)*

In der Höflichkeitsform gibt es eine Singular- (**usted**, Abkürzung: **Ud.**) und eine Pluralform (**ustedes**, Abkürzung: **Uds.**), je nachdem ob wir nur eine Person oder mehrere siezen.

Die Personalpronomen **nosotros, vosotros** haben auch die entsprechenden weiblichen Formen **nosotras, vosotras**.

▼

Subjektpronomen werden im Spanischen nur in folgenden Fällen verwendet:
- um eine Person besonders hervorzuheben bzw. von mehreren zu unterscheiden
- um Missverständnisse zu vermeiden

Bsp.: **Yo soy Chema y éste es Jordi.**
Ich bin Chema und der ist Jordi.

In den Ländern Lateinamerikas wird immer **ustedes** statt **vosotros** gebraucht, d. h. im Plural sind die Du- und die Sie-Form dort gleich:
Bsp.: (Lateinamerika)
Ustedes son Chema y Jordi, ¿verdad?
Ihr seid / Sie sind Chema und Jordi, oder?
(Spanien)
Vosotros sois Chema y Jordi, ¿verdad?
Ihr seid Chema und Jordi, oder?

§ 26 Direkte Pronomen

me	*mich*
te	*dich*
lo	*ihn, es, Sie*
la	*sie, es, Sie*
nos	*uns*
os	*euch*
los, las	*sie, Sie*

Die direkten Pronomen beziehen sich auf etwas bzw. jemanden, das bzw. der schon erwähnt wurde.

Die direkten Pronomen stimmen in Geschlecht und Zahl mit dem Wort überein, auf das sie sich beziehen, und stehen immer unmittelbar vor dem Verb:
¿Dónde están las gafas? No las veo.
Wo ist die Brille? Ich sehe sie nicht.

Lo kann sich auch auf einen ganzen Satz oder eine Frage beziehen:
¿Sabes dónde está mi monedero? – No, no lo sé, mamá.
Weißt du, wo mein Geldbeutel ist? – Nein, ich weiß es nicht, Mutti.

Wenn das direkte Objekt dem Verb vorangeht, muss es in Form eines direkten Pronomens wiederholt werden. Dieses Pronomen stimmt in Geschlecht und Zahl mit dem Bezugswort überein.

Este ordenador lo utilizo sólo para navegar por internet.
Diesen Computer benutze ich nur, um im Internet zu surfen.

§ 27 Indirekte Pronomen

Unbetonte indirekte Pronomen

me	*mir*
te	*dir*
le	*ihm, ihr, Ihnen (Sg.)*
nos	*uns*
os	*euch*
les	*ihnen, Ihnen (Pl.)*

Die indirekten Pronomen stehen immer unmittelbar vor dem Verb:
¿Qué le pongo? *Was gebe ich Ihnen?*

Betonte indirekte Pronomen

a mí	*mir*
a ti	*dir*
a él, a ella	*ihm, ihr*
a usted	*Ihnen (Sg.)*
a nosotros, a nosotras	*uns*
a vosotros, a vosotras	*euch*
a ellos, a ellas	*ihnen (m.), ihnen (f.)*
a ustedes	*Ihnen (Pl.)*

Im Spanischen kann ein Satz zwei indirekte Objekte enthalten. Zusätzlich zu den unbetonten Pronomen (**me**, **te**, **le**, **nos**, **os**, **les**), die unbedingt erforderlich sind, können die betonten indirekten Pronomen verwendet werden:
A mí me encantan los cosméticos.
Ich mag Kosmetika sehr.

Anstelle des betonten indirekten Pronomens kann ein Dativobjekt (z. B. ein Name) im Satz stehen:
▼

¿A Noelia le gustan los cosméticos?
Mag Noelia Kosmetika?

Diese Wiederholung dient zur Hervorhebung und Betonung der Person und vermeidet Missverständnisse (vor allem in der dritten Person).

Indirekte Pronomen nach den Präpositionen *para* und *con*:

para mí	*für mich*
para ti	*für dich*
para él, ella, usted	*für ihn, sie, Sie*
para nosotros, nosotras	*für uns*
para vosotros, vosotras	*für euch*
para ellos, ellas, ustedes	*für sie, Sie*
conmigo	*mit mir*
contigo	*mit dir*
con él, ella, usted	*mit ihm, ihr, Ihnen*
con nosotros, nosotras	*mit uns*
con vosotros, vosotras	*mit euch*
con ellos, ellas, ustedes	*mit ihnen, Ihnen*

Indirekte Pronomen bei den Verben *encantar* und *gustar*

Die Verben **encantar** *(begeistern, lieben)* und **gustar** *(gefallen, mögen, gern tun, schmecken)* werden mit den indirekten Pronomen verwendet und stimmen mit dem Subjekt (*wer* oder *was gefällt* bzw. *gefallen*) überein:
¡Me encanta México! *Ich liebe Mexiko!*
Me encantan los baños grandes.
Ich mag große Badezimmer sehr.
¿Te gusta viajar? *Reist du gern?*
¿Te gustan los muebles? *Gefallen dir die Möbel?*

§ 28 Kombinierte Pronomen

Wird in einem Satz ein indirektes und ein direktes Pronomen benutzt, so steht das indirekte vor dem direkten. Beide stehen vor dem Verb:
Si no tienes dinero, te lo dejo yo.
Wenn du kein Geld hast, leihe ich es dir.

Die indirekten Pronomen **le / les** werden zu **se**, wenn das direkte Pronomen **lo / la / los / las** folgt:
¿Le has comprado ya el regalo a tu madre?
No, todavía no se lo he comprado.
Hast du deiner Mutter das Geschenk schon gekauft?
Nein, ich habe es ihr noch nicht gekauft.

§ 29 Die Stellung der Pronomen

Direkte, indirekte sowie Reflexivpronomen stehen in der Regel vor dem Verb. Bei zusammengesetzten Zeiten stehen sie deshalb vor dem Verb **haber**:
¿Has visto a la abuela en el bar de Paco?
Sí, la he visto.
Hast du die Großmutter in der Bar von Paco gesehen?
Ja, ich habe sie gesehen.

Beim Gerundium sowie bei Infinitivkonstruktionen, z. B. Modalverben (wie **poder**) + Infinitiv oder **tener que** + Infinitiv, können die Pronomen vorangestellt oder an den Infinitiv bzw. an das Gerundium angehängt werden:
¿Le puedo ayudar en algo? = ¿Puedo ayudarle en algo?
Kann ich Ihnen helfen?

Bei angehängten Pronomen muss ein Akzent gesetzt werden, damit die Betonung erhalten bleibt:
Quiere dármelo mañana.
Er will es mir morgen geben.

§ 30 Der *Dativo de interés*

Der im Spanischen so genannte **Dativo de interés** ist ein indirektes Pronomen, das dazu dient, das Interesse des Sprechers daran zu zeigen, was ihm oder jemandem anderen geschieht bzw. geschehen ist. Damit wird also die Betroffenheit und innere Anteilnahme des Sprechenden am Geschehen ausgedrückt. Im Deutschen

lässt sich diese Nuancierung der Satzbedeutung nur schwer wiedergeben, und so würde man die folgenden zwei Sätze jeweils gleich übersetzen.
¡Se me ha colgado el ordenador! = ¡Se ha colgado el ordenador!
Der Computer ist abgestürzt!

§ 31 Das direkte Objekt

Vor dem direkten Objekt steht die Präposition **a**, wenn es sich um Personen bzw. Gruppen von Personen handelt, seien sie ausformuliert oder durch Pronomen (z. B. **nadie**, **quién**, **alguien**) vertreten:
¿Has visto a la abuela?
Hast du die Großmutter gesehen?
¿Habéis visto a alguien?
Habt ihr jemanden gesehen?

In allen anderen Fällen folgt das direkte Objekt dem Verb:
¿Has visto la película?
Hast du den Film gesehen?

! Die Präposition **a** entfällt bei den Verben **buscar** und **necesitar** mit Berufsbezeichnung und ebenso bei Substantiven mit unbestimmtem Artikel nach dem Verb **tener**:
La empresa busca una secretaria.
Die Firma sucht eine Sekretärin.
Yo tengo una hermana.
Ich habe eine Schwester.

§ 32 Unbestimmte Pronomen

Das Pronomen **uno** *(einer, eines)* entspricht dem unbestimmten Artikel **un** ohne Substantiv:
Cuando tenía tu edad, tenía muchos novios: uno para el lunes, otro para el martes, otro para el …
In deinem Alter hatte ich viele Freunde: einen für den Montag, einen anderen für den Dienstag, einen anderen für den …

Die weibliche Form sowie die Pluralformen entsprechen den unbestimmten Artikeln:
No tengo aspirinas. ¿Tienes tú una?
Ich habe keine Aspirin. Hast du eine?
Yo siempre llevo gemelos. Ayer me regalaron unos de oro.
Ich trage immer Manschettenknöpfe. Gestern habe ich welche aus Gold geschenkt bekommen.
Yo no necesito botas de montaña. Ya tengo unas.
Ich brauche keine Bergstiefel. Ich habe schon welche.

§ 33 Demonstrativa

Die Demonstrativa bezeichnen bestimmte Gegenstände oder Personen, die sich in der unmittelbaren Nähe des Sprechers befinden – **este / esta / estos / estas** – oder weiter entfernt sind – **ese / esa / esos / esas**.

	Singular	Plural
männlich	**este libro** *dieses Buch (hier)* **ese libro** *dieses Buch (da)*	**estos libros** *diese Bücher (hier)* **esos libros** *diese Bücher (da)*
weiblich	**esta casa** *dieses Haus (hier)* **esa casa** *dieses Haus (da)*	**estas casas** *diese Häuser (hier)* **esas casas** *diese Häuser (da)*

Die Demonstrativa können in Verbindung mit einem Substantiv oder allein stehen. Im letzteren Fall können sie einen Akzent tragen.
¿Te gusta este jersey?
Magst du diesen Pullover (hier)?
¿Ése? Sí, es bastante bonito.
Dieser (da)? Ja, er ist ziemlich schön.

In bestimmten Fällen, in denen sonst eine Doppeldeutigkeit auftreten würde, wird obligatorisch ein Akzent gesetzt:
Dice que ésta *(= eine Frau)* **mañana no tiene tiempo.**
▼

Er sagt, dass diese morgen keine Zeit hat.
Esto und **eso** stehen nie mit einem Substantiv zusammen. Sie beziehen sich auf etwas, das nicht konkret benannt wird oder noch definiert wird (Neutrum):

¿Qué es esto?	*Was ist das (hier)?*
No entiendo eso.	*Ich verstehe das nicht.*

§ 34 Possessiva

1. Die unbetonten Possessiva

Die unbetonten Possessiva stehen in der Regel vor dem Substantiv.

Männlich

mi	**abuelo**	*mein Großvater*
tu	**abuelo**	*dein Großvater*
su	**abuelo**	*sein, ihr, Ihr Großvater*
nuestro	**abuelo**	*unser Großvater*
vuestro	**abuelo**	*euer Großvater*
su	**abuelo**	*ihr, Ihr Großvater*

Weiblich

mi	**abuela**	*meine Großmutter*
tu	**abuela**	*deine Großmutter*
su	**abuela**	*seine, ihre, Ihre Großmutter*
nuestra	**abuela**	*unsere Großmutter*
vuestra	**abuela**	*eure Großmutter*
su	**abuela**	*ihre, Ihre Großmutter*

Die Formen der Possessiva sind für männliche und weibliche Substantive gleich außer **nuestro / nuestra** und **vuestro / vuestra**, die sich im Geschlecht nach dem Besitztum richten.

Die Possessiva richten sich in der Zahl nach dem Besitztum. Um den Plural zu bilden, hängt man ein **-s** an:
Tus padres están con mis abuelos.
Deine Eltern sind mit meinen Großeltern zusammen.

2. Die betonten Possessiva

Die betonten Possessiva werden verwendet, wenn man ein vorher genanntes Substantiv nicht wiederholen will. Das Possessiv wird dann mit dem bestimmten Artikel benutzt:
Tú tienes a tu <u>familia</u> cerca, ¡y <u>la mía</u> está tan lejos!
Du hast deine Familie in der Nähe, und meine ist so weit weg!

Wenn nach dem Besitzer gefragt wird, verwendet man keinen Artikel vor dem Possessiv:
¿Son <u>tuyas</u> estas gafas? – Sí, son <u>mías</u>.
Ist das deine Brille? – Ja, es ist meine.

Die betonten Formen können auch nach einem Substantiv stehen, wenn das Possessiv besonders betont wird:
Yo no conozco a esas amigas <u>tuyas</u>.
Ich kenne diese Freundinnen von dir nicht.

Auch in bestimmten Ausrufen stehen die betonten Possessiva nach dem Substantiv:

¡Dios <u>mío</u>!	*Mein Gott!*
Hijo <u>mío</u>	*Mein Junge*
Amigo <u>mío</u>	*Mein Freund*

Wenn eine / r von mehreren gemeint ist, steht das Possessiv nach dem Substantiv und dem entsprechenden unbestimmten Artikel:
Ese chico es <u>un colega</u> <u>mío</u>.
Dieser junge Mann ist ein Kollege von mir.

Hier sehen Sie die Formen:

Männlich

mío(s)	*mein(e)*
tuyo(s)	*dein(e)*
suyo(s)	*sein(e), ihr(e), Ihr(e)*
nuestro(s)	*unser(e)*
vuestro(s)	*euer, eure*
suyo(s)	*ihr(e), Ihr(e)*

▼

Weiblich

mía(s)	*meine*
tuya(s)	*deine*
suya(s)	*seine, ihre, Ihre*
nuestra(s)	*unsere*
vuestra(s)	*eure*
suya(s)	*ihre, Ihre*

§ 35 Relativpronomen

Das Relativpronomen **que** *(der, die, das)* wird für Sachen und Personen männlichen und weiblichen Geschlechts, sowohl im Singular als auch im Plural, als Subjekt oder direktes Objekt verwendet:

Tenemos un vino del Penedés que está muy bueno.
Wir haben einen Wein aus dem Penedés, der sehr gut ist.
Rosita es una chica que siempre está dispuesta a ayudar.
Rosita ist ein Mädchen, das immer hilfsbereit ist.

Die Formen **el / la / los / las que** sind Kombinationen aus dem bestimmten Artikel und dem Relativpronomen **que**. Der Artikel richtet sich in Geschlecht und Zahl nach dem Bezugswort. Vergleichen Sie:

El ordenador que tengo en la oficina es mucho mejor.
Der Computer, den ich im Büro habe, ist viel besser.
El que tengo en la oficina es mucho mejor.
Der, den ich im Büro habe, ist viel besser.

Vor **el / la / los / las que** können außerdem Präpositionen stehen:

¡Por fin vamos a ver las pirámides de las que tanto nos ha hablado Rosita!
Endlich werden wir die Pyramiden sehen, über die Rosita uns so viel erzählt hat!

Der Ausdruck **lo que** bedeutet *(das) was*:

¿Sabes lo que pasa?
Weißt du, was los ist?

§ 36 Fragewörter

¿Qué?	*Was?*
¿Cómo?	*Wie?*
¿Dónde?	*Wo?*
¿De dónde?	*Woher?*
¿Adónde?	*Wohin?*
¿Quién?	*Wer?*
¿Quiénes?	*Wer?* (Plural)
¿Cuánto?	*Wie viel?*
¿Cuánto / -a / -os / -as?	*Wie viele?*
¿Por qué?	*Warum?*
¿Cuándo?	*Wann?*
¿A qué hora?	*Um wie viel Uhr?*
¿Cuál?	*Welche/r/s?*
¿Cuáles?	*Welche?* (Plural)

¿Y tú, ¿qué haces? *Und du, was machst du?*
¿Cómo se llama usted? *Wie heißen Sie?*
¿Dónde vives? *Wo wohnst du?*
¿De dónde eres? *Woher kommst du?*
¿Adónde vas? *Wohin gehst du?*
¿Quién es esa persona? *Wer ist diese Person?*
¿Quiénes son ustedes? *Wer sind Sie?*
¿Cuánto cuesta? *Wie viel kostet es?*
¿Cuántos euros tienes? *Wie viel Euro hast du?*
¿Por qué no has ido al cine? *Warum bist du nicht ins Kino gegangen?*
¿Cuándo tienes tiempo? *Wann hast du Zeit?*
¿A qué hora quedamos? *Wann treffen wir uns?*
¿Cuál te gusta? *Welche/r/s gefällt dir?*
¿Cuáles te gustan? *Welche gefallen dir?*

§ 37 Präpositionen

Die Präpositionen **a** und **de** werden mit dem bestimmten männlichen Artikel im Singular zu einem Wort verbunden:

a + el ▸ al	**¿Vamos al museo?** *Gehen wir ins Museum?*
de + el ▸ del	**El hotel está enfrente del cine.** *Das Hotel ist gegenüber vom Kino.*

Die Präposition *a*

Die Präposition **a** wird bei Richtungs- und Ortsangaben verwendet:
Voy a la biblioteca. – *Ich gehe in die Bibliothek.*
Vamos al cine. – *Wir gehen ins Kino.*
¿Vas a casa? – *Gehst du nach Hause?*
Tiene que girar a la derecha y tomar la primera calle a la izquierda.
Sie müssen rechts abbiegen und die erste Straße links nehmen.

Die Präposition *de*

Mengenangaben werden immer mit der Präposition **de** verbunden:
un kilo de fresas – *ein Kilo Erdbeeren*
medio kilo de tomates – *ein halbes Kilo Tomaten*

Die Präposition **de** wird auch bei Tageszeiten verwendet, um sie zu unterscheiden:
Son las diez de la mañana.
Es ist zehn Uhr morgens.
Son las diez de la noche.
Es ist zehn Uhr nachts.

Die Präposition *en*

Die Präposition **en** wird bei Verkehrsmitteln verwendet:
¿Vas en coche o en autobús?
Fährst du mit dem Auto oder mit dem Bus?

Es gibt eine Ausnahme: **ir a pie** *(zu Fuß gehen)*

Die Präposition *para*

Die Präposition **para** wird verwendet, um einen Zweck auszudrücken:
¿Tiene algo para el dolor?
Haben Sie etwas gegen den Schmerz?

para kann auch mit Infinitiv verwendet werden *(um … zu)*:
Para ir en moto necesitas el casco.
Um mit dem Motorrad zu fahren, brauchst du den Helm.

Die Präposition *por*

Die Präposition **por** wird bei Tageszeiten verwendet:

por la mañana	*morgens/vormittags*
por la tarde	*nachmittags/abends*
por la noche	*abends/nachts*

Die Zeitpräpositionen *desde / hace / desde hace*

hace + Zeitraum *(vor)*

Empezamos hace medio año aproximadamente.
Wir haben ungefähr vor einem halben Jahr angefangen.

desde + Zeitpunkt *(seit)*

Mis amigas y yo vamos al bingo desde abril.
Meine Freundinnen und ich gehen seit April zum Bingo.

desde hace + Zeitraum *(seit)*

Mis amigas y yo vamos al bingo desde hace medio año.
Meine Freundinnen und ich gehen seit einem halben Jahr zum Bingo.

§ 38 Die Zahlen

0 **cero**	28 **veintiocho**
1 **uno**	29 **veintinueve**
2 **dos**	30 **treinta**
3 **tres**	31 **treinta y uno**
4 **cuatro**	32 **treinta y dos**
5 **cinco**	33 **treinta y tres**
6 **seis**	34 **treinta y cuatro**
7 **siete**	35 **treinta y cinco**
8 **ocho**	40 **cuarenta**
9 **nueve**	41 **cuarenta y uno**
10 **diez**	42 **cuarenta y dos**
11 **once**	43 **cuarenta y tres**
12 **doce**	50 **cincuenta**
13 **trece**	60 **sesenta**
14 **catorce**	70 **setenta**
15 **quince**	80 **ochenta**
16 **dieciséis**	90 **noventa**
17 **diecisiete**	100 **cien**
18 **dieciocho**	101 **ciento uno**
19 **diecinueve**	110 **ciento diez**
20 **veinte**	200 **doscientos**
21 **veintiuno**	300 **trescientos**
22 **veintidós**	400 **cuatrocientos**
23 **veintitrés**	500 **quinientos**
24 **veinticuatro**	600 **seiscientos**
25 **veinticinco**	700 **setecientos**
26 **veintiséis**	800 **ochocientos**
27 **veintisiete**	900 **novecientos**

1000	**mil**
1001	**mil uno**
1100	**mil cien**
1999	**mil novecientos noventa y nueve**
2000	**dos mil**
3000	**tres mil**
10.000	**diez mil**
100.000	**cien mil**
1.000.000	**un millón**
2.000.000	**dos millones**
3.000.000	**tres millones**
1.000.000.000	**mil millones**

A

3 TR. 01

	a	*in, zu, um, nach, pro*
	a cuadros	*kariert*
	a la brasa	*gegrillt*
	a la derecha	*rechts*
	a la izquierda	*links*
	a la romana	*paniert*
	a mediodía	*mittags*
	a pie	*zu Fuß*
	a veces	*manchmal*
	a ver	*Schauen wir mal. / Mal sehen.*
	abierto/a	*offen*
(el)	abril	*April*
la	abuela	*Großmutter*
	aburrido/a	*gelangweilt*
	acabar	*enden*
el	aceite	*Öl*
el	aceite de oliva	*Olivenöl*
la	aceituna	*Olive*
el	acento	*Akzent*
	acompañar	*begleiten*
	acostarse	*ins Bett gehen*
la	actividad	*Aktivität*
	activo/a	*aktiv*
	adaptarse	*sich anpassen*
	además	*außerdem*
	además de	*außer*
	adiós	*auf Wiedersehen, tschüss*
la	administración	*Verwaltung*
el/la	administrativo/a	*Verwaltungsangestellte*
	adónde	*wohin?*
el	aeropuerto	*Flughafen*
	afeitarse	*sich rasieren*
la	afición	*Vorliebe, Neigung, Hobby*
la	agencia	*Agentur*
la	agencia de viajes	*Reisebüro*
la	agenda	*Kalender*
(el)	agosto	*August*
	agotado/a	*erschöpft*
	agradable	*freundlich, nett, angenehm*
el	agua	Wasser
el	agua mineral	*Mineralwasser*
	ahora	*jetzt*
	ahora mismo	*gleich*
	ahorrar	*sparen*
el	aire acondicionado	*Klimaanlage*
	al	*(siehe **a**)*
	al final	*am Ende, zum Schluss*
	al lado de	*neben*
la	albóndiga	*Fleischkloß*
	alegre	*fröhlich, lustig*
la	alegría	*Freude*
	alemán/alemana	*Deutsche/r, deutsch*
la	alfombra	*Teppich*
	algo	*etwas*
	alguien	*jemand*
	algún/alguna	*irgendein/e*
	alguna vez	*(ein)mal*
	algunas veces	*manchmal*
	algunos/as	*einige*
	allí	*dort*
las	almejas a la marinera	*Muscheln nach Seemannsart*
	almorzar	*zu Mittag essen*
el	alojamiento	*Unterkunft*
la	alternativa	*Alternative*
	alto/a	*groß, hoch*
la	alubia	*Bohne*
	amable	*lieb, nett*
el/la	amante	*Liebhaber/in*
(el)	amarillo	*Gelb*
	amarillo/a	*gelb*
el	ambiente	*Stimmung, Atmosphäre*
la	ambulancia	*Krankenwagen*
	americano/a	*amerikanisch*
el/la	amigo/a	*Freund/in*
	amplio/a	*umfangreich, vielfältig*
	ándale	*Los!*
la	anécdota	*Anekdote*
el	anillo	*Ring*
el	año	*Jahr*
	anotar	*notieren*
	antes	*vorher, früher, bevor, vor*
el	antibiótico	*Antibiotikum*
	antiguo/a	*alt*
	antipático/a	*unsympathisch*

el	aparcamiento	*Parkplatz*
	aparecer	*erscheinen*
el	apartamento	*Appartement*
	aprender	*lernen*
	aprovechar	*nutzen*
	aproximadamente	*ungefähr*
	aquel/aquella	*diese/r/s (dort), jene/r/s*
	aquí	*hier*
el	árbol	*Baum*
(la)	Argentina	*Argentinien*
	argentino/a	*Argentinier/in, argentinisch*
el	armario	*Schrank*
la	arquitecta	*Architektin*
la	arquitectura	*Architektur*
el	arroz	*Reis*
el	arte	*Kunst*
el	arzobispo	*Erzbischof*
	así	*so, auf diese Weise*
la	aspirina	*Aspirin*
	atender	*bedienen*
	atentamente	*hochachtungsvoll, mit freundlichen Grüßen*
	atreverse	*es wagen, sich trauen*
	aunque	*obwohl*
	auténtico/a	*echt*
el	autobús	*Bus*
el	automóvil	*Auto*
el/la	autor/a	*Autor/in*
la	avenida	*Allee, Boulevard*
la	aventura	*Abenteuer*
el	avión	*Flugzeug*
	avisar	*Bescheid sagen*
	ay	*Ach!*
	ayer	*gestern*
la	ayuda	*Hilfe*
	ayudar	*helfen*
el	ayuntamiento	*Rathaus*
los	aztecas	*Azteken*
(el)	azul	*Blau, blau*

B

3 TR. 02

el	bacalao	*Kabeljau*
el	bacalao al pil pil	*Kabeljau mit Chili und Knoblauch*
	bailar	*tanzen*
	bajar	*aussteigen, hinuntergehen*
	bajo/a	*niedrig, klein*
el	balcón	*Balkon*
el	balón	*Ball*
la	banana	*Banane*
el	banco	*Bank*
la	bandeja	*Tablett*
la	bañera	*Badewanne*
el	baño	*Badezimmer*
el	bar	*Kneipe*
	barato/a	*billig*
la	barba	*Bart*
la	barbacoa	*Grillparty*
el	barco	*Schiff*
el	barrio	*Stadtviertel*
	bastante	*ziemlich*
	batir	*schlagen*
	beber	*trinken*
la	beca	*Stipendium*
	belga	*Belgier/in, belgisch*
(la)	Bélgica	*Belgien*
	bendecir	*segnen*
el	beso	*Kuss*
la	biblioteca	*Bibliothek*
la	biblioteca municipal	*Stadtbücherei*
la	bicicleta	*Fahrrad*
	bien	*gut*
	bienvenido/a	*willkommen*
el	billete	*Fahrkarte, Ticket, Flugschein*
el	bingo	*Bingo*
	biológico/a	*Bio-, biologisch*
la	bisutería	*Modeschmuck*
(el)	blanco	*Weiß*
	blanco/a	*weiß*
	blando/a	*weich*
la	boca	*Mund*
la	bocacalle	*Seitenstraße, Straßeneinmündung*

el	bol	*Schale*
el	bolígrafo	*Kugelschreiber*
el	bolso	*Tasche*
el	bombero	*Feuerwehrmann*
el	bombón	*Praline*
	bonito/a	*hübsch, schön*
los	boquerones fritos	*frittierte Sardellen*
las	botas de montaña	*Bergschuhe*
la	botella	*Flasche*
la	brasa	*Glut*
	bravo/a	*scharf, stark gewürzt*
el	brazo	*Arm*
la	broma	*Witz*
	Bruselas	*Brüssel*
	buen(o)/a	*gut*
	buenas noches	*Guten Abend!/ Gute Nacht!*
	buenas tardes	*Guten Tag!/Guten Abend!*
	buenas	*Guten Tag!/Guten Abend!*
	bueno	*gut, Na gut/Na ja, Also dann, Hallo*
	buenos días	*Guten Tag!/ Guten Morgen!*
la	bufanda	*Schal*
el	burrito	*Fladen aus Weizenmehl mit Fleisch bzw. Huhn, Bohnen, Reis und Käse gefüllt*
el	burro	*Esel*
la	busca	*Suche*
	buscar	*suchen*

C

3 TR. 03

la	cabeza	*Kopf*
el	cacahuete	*Erdnuss*
	cada	*jede/r/s*
la	cadena musical	*Stereoanlage*
	caer bien/mal	*gefallen/nicht gefallen*
el	café	*Kaffee*
la	cafetería	*Café*
la	caja	*Schachtel, Kasse*
la	cajetilla	*kleine Schachtel, Zigarettenschachtel*
los	calamares a la romana	*panierte Tintenfische*
el	caldo gallego	*galicischer Eintopf*
la	calidad	*Qualität*
	cálido/a	*warm*
	caliente	*warm, heiß*
la	calle	*Straße*
los	callos	*Kutteln*
el	calor	*Wärme, Hitze*
la	cama	*Bett*
la	cama matri-monial	*Ehebett, Doppelbett*
el/la	camarero/a	*Kellner/in*
	cambiar	*sich ändern*
el	cambur	*Banane*
la	caña	*Glas gezapftes Bier*
(el)	Canadá	*Kanada*
	canadiense	*Kanadier/in, kanadisch*
	cansado/a	*erschöpft, müde, ermüdend*
el/la	cantante	*Sänger/in*
la	cantina	*Kantine*
la	capital	*Hauptstadt*
el	carácter	*Charakter*
la	caraota	*Bohne*
	cariño	*Liebling*
la	carne	*Fleisch*
el	carnet de identidad	*Personalausweis*
	caro/a	*teuer*
la	carta	*Brief, Speisekarte*
la	cartera	*Brieftasche*
la	casa	*Haus, Wohnung*
el	casco protector	*Schutzhelm*
	casi	*fast*
el	caso	*Fall, Umstand*
	castaño/a	*kastanienbraun*
la	casualidad	*Zufall*
	catalán/catalana	*Katalane/in, katalanisch*
la	catedral	*Kathedrale*
(el)	catorce	*vierzehn*
el	cava	*spanischer Sekt*

el	CD (disco compacto)	*CD (Compact Disc)*
el	CD-ROM	*CD-ROM*
la	cebolla	*Zwiebel*
	celebrar	*feiern*
los	celos	*Eifersucht*
	celoso/a	*eifersüchtig*
la	cena	*Abendessen*
	cenar	*zu Abend essen*
el	centro	*Zentrum, Stadtmitte*
el	centro comercial	*Einkaufszentrum*
	cerca	*nah, in der Nähe*
	cercano/a	*nah*
la	cereza	*Kirsche*
(el)	cero	*Null*
la	cerveza	*Bier*
	Charo	*Kurzform von Rosario*
	Chema	*Kurzform von José María*
el	chico	*junger Mann*
el	chile	*Chili*
(el)	Chile	*Chile*
	chileno/a	*Chilene/in, chilenisch*
el	choclo	*Mais*
el	chocolate	*Schokolade*
el	chopito	*frittierter Babytintenfisch*
la	chuleta	*Kotelett*
la	chuleta de cordero a la brasa	*gegrilltes Lammkotelett*
el	churro	*frittiertes Spritzgebäck*
el	ciclismo	*Radsport*
	cien	*hundert*
(el)	ciento	*hundert*
	cierto/a	*wahr, gewiss*
(el)	cinco	*fünf*
(el)	cincuenta	*fünfzig*
el	cine	*Kino*
	circular	*(hin und her) fahren*
la	cita	*Termin, Verabredung*
la	ciudad	*Stadt*
	claro	*klar*
la	clase	*Unterricht*
	clásico/a	*klassisch*
el	coche	*Auto*
el	coche deportivo	*Sportwagen*
la	cocina	*Küche*

	cocinar	*kochen*
el	cocinero	*Koch*
	coger	*nehmen*
el	colegio	*Schule*
	colgar	*(Telefon) auflegen*
	colgarse	*(Computer) abstürzen*
el	collar	*Halskette, Kollier*
(la)	Colombia	*Kolumbien*
el	color	*Farbe*
	comentar	*kommentieren, erzählen*
	comenzar	*beginnen, anfangen*
	comer	*essen*
la	comida	*Essen*
	como	*wie*
	cómo	*wie?*
	cómo es que …	*wieso … ?*
	como máximo	*höchstens*
	como mínimo	*mindestens, wenigstens*
	cómo no	*aber klar!*
	cómodo/a	*bequem*
el/la	compañero/a	*Freund/in, Kumpel*
el/la	compañero/a de piso	*Mitbewohner/in*
el/la	compañero/a de trabajo	*Kollege/in*
	compartir	*teilen*
	comprar	*kaufen*
el	compromiso	*Verabredung, Termin*
	con	*mit*
	con gas	*(Wasser) mit Kohlensäure*
	con mucho gusto	*sehr gern, mit Vergnügen*
	con qué frecuencia	*wie oft?*
el	coñac	*Cognac*
el	concierto	*Konzert*
la	condición	*Bedingung*
	confesar	*zugeben*
la	confianza	*Vertrauen*
	conmigo	*mit mir*
	conocer	*kennen lernen, kennen*
	conseguir	*erreichen, finden*
el	consomé	*Kraftbrühe*
	contar	*erzählen*
	contento/a	*zufrieden*
	contigo	*mit dir*

	contra	*gegen*
	controlar	*kontrollieren, beherrschen*
el	convento	*Kloster*
el	corazón	*Herz*
la	corbata	*Krawatte*
el	cordero	*Lamm*
el	correo electrónico	*E-Mail*
	Correos (la oficina de)	*Postamt*
	cortar	*schneiden*
	corto/a	*kurz*
la	cosa	*Sache*
el	cosmético	*Schönheitsmittel, Kosmetikum*
la	costa	*Küste*
	costar	*kosten*
la	costumbre	*Gewohnheit*
	creer	*glauben*
la	crema	*Creme*
la	crema de espárragos	*Spargelcremesuppe*
la	croqueta	*Krokette*
el	cruasán	*Croissant*
	cruzar	*überqueren*
	cuál	*welche/r/s?*
	cuándo	*wann?*
	cuando	*wenn, als*
	cuánto	*wieviel?*
(el)	cuarenta	*vierzig*
el	cuarto	*Zimmer, Viertel*
el	cuarto de baño	*Badezimmer*
(el)	cuatro	*vier*
	cuatro-cientos/as	*vierhundert*
(la)	Cuba	*Kuba*
	cubano/a	*Kubaner/in, kubanisch*
	cubrir	*decken, bedecken*
la	cuchara	*Löffel*
la	cucharadita	*Teelöffel*
la	cucharilla	*Teelöffel*
el	cuchillo	*Messer*
la	cuenta	*Rechnung*
(el)	cuidado	*Achtung/Vorsicht*
la	cultura	*Kultur*
el/la	cuñado/a	*Schwager/Schwägerin*
el	cupón	*Kupon, Abschnitt*
la	curiosidad	*Neugier*
el	curso	*Kurs*

D

	dar	*geben*
	dar la vuelta	*umdrehen*
	dar un paseo	*spazieren gehen*
	de	*von, aus*
	de acuerdo	*einverstanden*
	de dónde	*woher?*
	de momento	*im Moment*
	de nada	*Bitte sehr./Nichts zu danken./Keine Ursache.*
	de parte de quién	*Wer ist am Apparat?*
	de pronto	*auf einmal*
	de repente	*plötzlich*
	de todo	*alles Mögliche*
	de verdad	*Echt?/Wirklich?*
	de vez en cuando	*ab und zu*
	decidir	*entscheiden*
	decir	*sagen*
la	decoración	*Einrichtung, Dekoration*
	decorado/a	*eingerichtet*
	decorar	*dekorieren*
el	dedo	*Finger*
el/la	defensor/a	*Verteidiger/in*
	dejar	*leihen, lassen, überlassen, geben*
	del	*(siehe* ***de****)*
	delante	*vor*
	delgado/a	*dünn, schlank*
	demasiado	*zu, zu viel*
	dentro	*(dr)innen*
el	departamento	*Abteilung*
el	departamento de ventas	*Verkaufsabteilung*
el	deporte	*Sport*
	deportivo/a	*sportlich*
la	derecha	*rechte Hand*
el	derecho	*Recht*

	desaparecer	*verschwinden*
	desayunar	*frühstücken*
el	desayuno	*Frühstück*
	descansar	*sich ausruhen*
	desde	*von, seit*
	desde hace	*seit*
	desde luego	*allerdings*
	desear	*wünschen*
	desordenado/a	*unordentlich, unaufgeräumt*
	desorganizado/a	*desorganisiert, chaotisch*
	después	*danach, und dann, nachdem, nach, später*
el	destino	*Bestimmungsort*
	detrás	*hinter*
	devolver	*zurückgeben*
el	día	*Tag*
el	diamante	*Diamant*
(el)	diciembre	*Dezember*
(el)	diecinueve	*neunzehn*
(el)	dieciocho	*achtzehn*
(el)	dieciséis	*sechzehn*
(el)	diecisiete	*siebzehn*
(el)	diez	*zehn*
	diferente	*unterschiedlich*
	diga/dígame	*Hallo (am Telefon)*
	díganme	*Sagen Sie mir.*
	digo	*ich sage, ich meine*
el	dinero	*Geld*
(el)	Dios	*Gott*
el	diploma	*Zeugnis, Zertifikat*
la	dirección	*Adresse*
	directo/a	*direkt*
el	director de cine	*Regisseur*
	diría (yo)	*ich würde sagen*
el/la	diseñador/a	*Designer/in*
el	diseño	*Zeichnung*
	disfrutar	*genießen*
	disponer	*verfügen*
	dispuesto/a	*bereit*
	divertido/a	*lustig*
	divertirse	*sich amüsieren, Spaß haben*
	doblar	*falten, abbiegen*
(el)	doce	*zwölf*
	doler	*schmerzen, weh tun*
el	dolor	*Schmerz*
el	dolor de muelas	*Zahnschmerzen*
el	domingo	*Sonntag*
	don/doña	*Herr/Frau*
	dónde	*wo?*
	dormir	*schlafen*
el	dormitorio	*Schlafzimmer*
(el)	dos	*zwei*
	doscientos/as	*zweihundert*
la	ducha	*Dusche*
	dulce	*süß*
	durante	*während*
	durar	*dauern*
	duro/a	*hart*

E

3 TR. 05

	echar	*werfen, schütten*
	económico/a	*billig*
el	economista	*Ökonom*
la	edad	*Alter*
el	ejemplo	*Beispiel*
	el	*der*
	él	*er*
la	elegancia	*Eleganz*
	elegante	*elegant*
	elegir	*wählen, auswählen*
	ella	*sie, ihr*
	ellas	*sie, ihnen*
	ellos	*sie, ihnen*
el	e-mail	*E-Mail*
el	emilio	*E-Mail*
	empezar	*beginnen*
la	empresa	*Betrieb, Unternehmen, Firma*
	en	*in, auf, mit*
	en absoluto	*absolut (nicht)*
	en especial	*insbesondere*
	en punto	*Punkt*
	en vez	*stattdessen, anstatt*
	encantado/a	*Angenehm!/Hocherfreut!, sehr zufrieden, begeistert*
	encantador	*reizend, bezaubernd*

	encantar	*sehr gut gefallen, begeistern*
la	enchilada	*Maisfladen mit Fleisch gefüllt*
	encima de	*auf*
	encontrar	*finden*
	encontrarse	*sich treffen*
la	encuesta	*Umfrage*
(el)	enero	*Januar*
	enfadado/a	*verärgert*
el/la	enfermero/a	*Krankenpfleger, Krankenschwester*
	enfermo/a	*krank*
	enfrente de/ frente a	*gegenüber*
	enorme	*enorm, riesig*
	enrollado/a	*zusammengerollt*
la	ensalada	*Salat*
la	ensaladilla rusa	*Kartoffelsalat mit Erbsen, Karotten, gekochten Eiern, Majonäse*
	enseguida	*gleich, sofort*
	enseñar	*zeigen, erklären*
	entender	*verstehen*
	entonces	*also, dann*
la	entrada	*Eingang, Eintrittskarte, Vorspeise*
	entrar	*hineingehen, beginnen*
	entre	*zwischen*
el/la	entrevistador/a	*Interviewer/in*
	enviar	*schicken*
el	equipaje	*Gepäck*
la	equitación	*Reitsport*
	equivocarse	*sich irren, sich verwählen*
	es que	*nämlich*
el	escalope de ternera	*Kalbsschnitzel*
	escribir	*schreiben*
el/la	escritor/a	*Schriftsteller/in*
el	escritorio	*Schreibtisch*
	escuchar	*hören*
la	escuela	*Schule*
	ese/esa/eso	*dieser, diese, dieses/ der, die, das (da)*
la	espalda	*Rücken*
(la)	España	*Spanien*
el	español	*Spanisch, spanische Sprache*
	español/a	*Spanier/in, spanisch*
la	especia	*Gewürz*
	especial	*besonders*
	especialmente	*insbesondere*
	esperar	*warten, erwarten*
el/la	esposo/a	*Ehemann, Ehefrau*
el	esquí acuático	*Wasserski*
	esquiar	*Ski fahren*
la	estación (de ferrocarril)	*Bahnhof*
	estadounidense	*US-Amerikaner/in, US-amerikanisch*
la	estancia	*Aufenthalt*
el	estanco	*Tabakladen*
la	estantería	*Bücherregal*
	estar	*sein, sich befinden*
	este/esta	*dieser, diese, dieses/ der, die, das (hier)*
el	estilo	*Stil*
	estimado/a	*geehrt*
	Estocolmo	*Stockholm*
el	estrés	*Stress*
	estresado/a	*gestresst*
el/la	estudiante	*Student/in*
	estudiar	*studieren*
	estupendo/a	*wunderschön, super*
la	etiqueta	*Preisschild*
el	euro	*Euro*
el	euskera	*baskisch*
	exacto	*genau*
	excelente	*ausgezeichnet, toll*
	excepto	*außer*
	exclamar	*(aus-)rufen*
la	excursión	*Ausflug*
	exótico/a	*exotisch*
la	experiencia	*Erlebnis*
el/la	experto/a	*Experte/in*
	explicar	*erklären*
la	exportación	*Export*
	exquisito/a	*köstlich*
el/la	extranjero/a	*Ausländer/in*
	extravagante	*extravagant*

F

3 TR. 06

	fácil	*leicht*
	faltar	*fehlen*
la	familia	*Familie*
	famoso/a	*berühmt*
	fantástico/a	*fantastisch*
la	faringitis	*Rachenentzündung*
la	farmacia	*Apotheke*
	fascinante	*faszinierend*
el	fastidio	*Ärger*
	favorito/a	*Lieblings-*
(el)	febrero	*Februar*
	felicidades	*Herzlichen Glückwunsch!*
	felicitar	*gratulieren*
	feliz	*glücklich*
	feliz cumpleaños	*Herzlichen Glückwunsch zum Geburtstag!*
el	ferrocarril	*Eisenbahn*
la	ficha de inscripción	*Anmeldungskarte*
la	fiebre	*Fieber*
la	fiesta	*Fest*
el	fin	*Ende*
el	fin de semana	*Wochenende*
el	final	*Ende, Schluss*
	finalmente	*zum Schluss*
el	flamenco	*Flamenco*
el	flan	*Karamelpudding*
la	flor	*Blume*
la	floristería	*Blumengeschäft*
el	footing	*Jogging*
la	forma	*Art, Weise*
	formal	*formell*
el/la	fotógrafo/a	*Fotograf/in*
	francés/francesa	*Franzose/in, französisch*
(la)	Francia	*Frankreich*
	freír	*frittieren, braten*
la	fresa	*Erdbeere*
el	frijol	*Bohne*
el	frío	*Kälte*
	frío/a	*kalt*
la	fruta	*Obst*
la	fruta del tiempo	*Frischobst*
el	fuego	*Feuer*
	fuera de	*außer*
	fui	*ich war (siehe* ***ser****), ich ging (siehe* ***ir****)*
la	furgoneta	*Kleintransporter*

G

3 TR. 07

las	gafas	*Brille*
	gallego/a	*galicisch*
	ganar	*verdienen, gewinnen*
el	garaje	*Autowerkstatt, Garage*
la	garganta	*Hals*
el	gazpacho	*Gazpacho (kalte Gemüsesuppe)*
el	gemelo	*Manschettenknopf*
	generoso/a	*großzügig*
el	genio	*Genie*
la	gente	*Leute*
	girar	*abbiegen*
el	globo	*Ballon, Heißluftballon, Luftballon*
el	golf	*Golf*
el	Gordo	*großes Los*
la	gorrita	*kleine Mütze*
	gracias	*danke*
el	gramo	*Gramm*
	grande	*groß*
los	grandes almacenes	*Kaufhaus*
la	gripe	*Grippe*
(el)	gris	*Grau, grau*
el	grupo	*Gruppe*
	guapo/a	*gut aussehend*
la	guerrilla	*Guerilla, Kampfgruppe*
el	guineo	*Banane*
el	guiso	*Gericht, Schmorbraten*
la	guitarra	*Gitarre*
	gustar	*gefallen, mögen*
el	gusto	*Vergnügen, Geschmack*

H

3 TR. 08

	haber	*haben*
la	habichuela	*Bohne*
la	habitación	*Zimmer*
la	habitación doble	*Doppelzimmer*
	hablar	*sprechen, erzählen*
	hace	*er/sie/es macht, tut; vor; es ist …*
	hacer	*machen, tun*
	hacer amigos	*Freunde finden*
	hacer deporte	*Sport treiben*
	hacer la compra	*einkaufen*
	hacerse tarde	*spät werden*
	hacia	*nach*
el	hambre	*Hunger*
la	harina	*Mehl*
	hasta	*bis*
	hasta luego	*Bis dann!*
	hasta mañana	*Bis morgen!*
	hasta pronto	*Bis bald!*
	hay	*es gibt*
	hay que	*man muss*
el	helado	*Eis*
el/la	hermano/a	*Bruder, Schwester*
el	héroe	*Held*
el/la	hijo/a	*Sohn/Tochter*
el	hipermercado	*großer Supermarkt*
la	Historia Natural	*Naturwissenschaft*
	hola	*Hallo!/Grüß dich!*
el	hombre	*Mann*
la	hora	*Stunde, Uhrzeit*
(la)	hora extra	*Überstunde*
el	horario	*Arbeitszeit, Fahrplan*
el	horno microondas	*Mikrowelle*
el	hospital	*Krankenhaus*
el	hotel	*Hotel*
el	hotel de cinco estrellas	*Fünfsternehotel*
	hoy	*heute*
	hoy en día	*heutzutage*
	huele	*es riecht*
el	huevo	*Ei*
el	humor	*Laune*
	huy	*Ach!*

I

3 TR. 09

la	idea	*Idee*
	igualmente	*gleichfalls*
	importante	*wichtig*
	importar	*wichtig sein*
	imposible	*unmöglich*
los	incas	*Inkas*
	incluido	*inklusiv*
	incluso	*sogar*
la	independencia	*Unabhängigkeit*
	independiente	*unabhängig*
el/la	indígena	*Indio, Indiofrau*
	individual	*Einzel-*
la	información	*Information*
la	informática	*Informatik*
el	ingeniero	*Ingenieur*
(la)	Inglaterra	*England*
	inglés/inglesa	*Engländer/in, englisch*
el	ingrediente	*Zutat*
	inicial	*Anfangs-*
	inolvidable	*unvergesslich*
	instalar	*installieren*
	inteligente	*intelligent*
	intenso/a	*intensiv, heftig*
	interesante	*interessant*
	interesar	*interessieren*
	internacional	*international*
el	internet	*Internet*
	introducir	*einlegen*
la	investigación	*Forschung*
el	invierno	*Winter*
	invitar	*einladen*
	ir	*gehen, passen*
	ir a parar	*landen*
	ir a pie	*zu Fuß gehen*
	ir de compras	*Einkaufsbummel machen*
	ir de tapeo	*durch Tapas-Bars ziehen*
	irse	*gehen, weggehen*
	italiano/a	*Italiener/in, italienisch*
el	IVA (impuesto sobre el valor añadido)	*MWSt. (Mehrwertsteuer)*
la	izquierda	*linke Hand*

J

3 TR. 10

el	jamón	*Schinken*
el	jamón serrano	*roher Schinken*
el	jarabe	*Sirup*
el	jardín	*Garten*
	Javi	*Kurzform von Javier*
el	jazz	*Jazz*
el	jefe de personal	*Personalchef*
el	jefe del departamento de ventas	*Verkaufsabteilungsleiter*
el/la	jefe/a	*Chef/in*
la	jornada	*Arbeitstag*
	joven	*jung*
la	joya	*Schmuck, Juwel*
la	joyería	*Juwelier, Juwelierladen*
la	judía	*Bohne*
el	jueves	*Donnerstag*
	jugar	*spielen*
(el)	julio	*Juli*
(el)	junio	*Juni*
	juntos	*zusammen*
	justo	*genau*

K

3 TR. 11

el	kilo	*Kilo*
el	kilómetro	*Kilometer*

L

3 TR. 12

	la(s)	*die, sie*
el	lado	*Seite*
el	ladrón	*Dieb*
	largo/a	*lang*
	latinoamericano/a	*lateinamerikanisch*
la	lavadora	*Waschmaschine*
	le	*ihr, ihm, Ihnen*
la	leche	*Milch*
la	lechuga	*Kopfsalat*
	leer	*lesen*
	leído	*gelesen*
	lejos	*weit (entfernt)*
	lento/a	*langsam*
	les	*ihnen, Ihnen, euch*
	levantarse	*aufstehen*
	libre	*frei*
la	librería	*Buchhandlung*
el	libro	*Buch*
	ligero/a	*leicht*
(el)	lila	*Lila, lila*
el	limón	*Zitrone*
	lindo/a	*hübsch, nett, süß*
la	línea	*Linie (U-Bahn)*
	Lisboa	*Lissabon*
	liso/a	*glatt (Haar)*
la	literatura	*Literatur*
	llamar	*rufen, anrufen*
	llamarse	*heißen*
la	llave	*Schlüssel*
	llegar	*ankommen*
	llenísimo/a	*sehr voll*
	lleno/a	*voll*
	llevar	*tragen (Kleider, Haarschnitt, usw.)*
	llevarse	*mitnehmen, sich vertragen, bekommen*
	llover	*regnen*
	lo	*ihn, es*
	lo siento	*es tut mir Leid*
	Lola	*Kurzform von Dolores*
	lo mismo	*dasselbe*
	Londres	*London*
	los	*die, sie*
	los/las dos	*beide*
la	lotería	*Lotterie*
	luego	*dann*
el	lugar	*Ort*
el	lujo	*Luxus*
	luminoso/a	*hell*
el	lunes	*Montag*

M

3 TR. 13

la	madre	*Mutter*
	madrileño/a	*aus Madrid*
la	madrugada	*Morgengrauen*
	Maite	*Kurzform von María Teresa*
el	maíz	*Mais*
	majísimo/a	*sehr nett*
	majo/a	*nett*
	mal	*schlecht*
	mal(o)/a	*böse, schlecht*
la	mamá	*Mama, Mutti*
	mañana	*morgen*
la	mañana	*Morgen*
el	maní	*Erdnuss*
la	mano	*Hand*
el	mantel	*Tischdecke*
la	manzana	*Apfel*
la	manzanilla	*Kamillentee*
el	mar	*Meer*
el	marido	*Ehemann*
(el)	marrón	*Braun, braun*
el	martes	*Dienstag*
(el)	marzo	*März*
	más	*mehr, noch*
	más de	*mehr als*
el	material	*Material*
la	matrícula	*Anmeldung*
los	mayas	*Mayas*
(el)	mayo	*Mai*
	mayor	*älter*
	me	*mich, mir*
la	media pensión	*Halbpension*
la	medicina	*Medizin*
el/la	médico/a	*Arzt/Ärztin*
	medio/a	*halb*
(el)	mediodía	*Mittag*
	mejor	*besser*
	menos	*weniger*
la	menta	*Pfefferminze*
el	menú	*Menü, Speisekarte*
	menudo/a	*toll, super*
el	mercado	*Markt*
	Merche	*Kurzform von Mercedes*
la	merluza	*Seehecht*
la	merluza a la cazuela	*Seehecht in der Kasserolle*
la	merluza a la romana	*panierter Seehecht*
el	mes	*Monat*
la	mesa	*Tisch*
el	metro	*U-Bahn, Meter*
	mexicano/a	*Mexikaner/in, mexikanisch*
(el)	México	*Mexiko*
	mezclar	*mischen*
	mi	*mein/e*
	mí	*mir, mich*
el	microondas	*Mikrowelle*
	mientras	*während*
el	miércoles	*Mittwoch*
	mil	*tausend*
el	millón	*Million*
	mineral	*Mineral-*
el	mínimo	*Mindeste*
el	minuto	*Minute*
	mío/a	*meine/r/s*
	mira (tú)/ mire (usted)	*Schau mal./Schauen Sie mal.*
	mirar	*nachsehen, betrachten*
el	misterio	*Geheimnis*
la	mitad	*Hälfte*
	mixto/a	*gemischt*
la	moda	*Mode*
	moderno/a	*modern*
el	mole	*Soße mit Gewürzen, Erdnüssen, Schokolade, Chili*
	molestar	*stören*
el	momento	*Moment*
el	monedero	*Geldbeutel*
el	monje	*Mönch*
el	montañismo	*Bergsteigen*
	moreno/a	*dunkelhaarig*
el	mosto	*Most*
la	moto	*Motorrad*
el	motociclismo	*Motorradsport*
la	movida	*Nachtleben, Szene*
el	móvil	*Handy*
el/la	muchacho/a	*junger Mann/junge Frau*
	muchas gracias	*Vielen Dank!*

	muchísimo/a	*sehr viel*
	mucho	*sehr, viel*
	mucho gusto	*Angenehm!/Sehr erfreut!*
	mucho/a	*viel*
la	mujer	*Frau, Ehefrau*
el	museo	*Museum*
la	música	*Musik*
	muy	*sehr*

N

3 TR. 14

	Nacho	*Kurzform von Ignacio*
	nacional	*national*
	nada	*nichts, überhaupt nicht, gar nicht*
	nadar	*schwimmen*
	nadie	*niemand*
la	naranja	*Orange*
(el)	naranja	*Orange, orange*
la	nata	*Sahne*
	natural	*natürlich, unkompliziert*
la	naturaleza	*Natur*
	navegar	*surfen (Internet)*
la	Navidad	*Weihnachten*
	necesario/a	*nötig, notwendig*
	necesitar	*brauchen*
(el)	negro	*Schwarz*
	negro/a	*schwarz*
	nervioso/a	*nervös*
	nevar	*schneien*
la	nevera	*Kühlschrank*
	ni	*weder … noch …*
la	niebla	*Nebel*
el/la	nieto/a	*Enkel/in*
la	nieve	*Schnee*
el/la	niño/a	*(kleines) Kind*
el	nivel	*Stufe*
	no	*nein, nicht*
	no hay de qué	*keine Ursache*
la	noche	*Nacht*
	nocturno/a	*Nacht-*
el	nombre	*Name*
	normal	*normal*
	normalmente	*normalerweise*
el	norte	*Norden*
	nos	*uns*
	nosotros/as	*wir, uns*
	novecientos/as	*neunhundert*
la	novela	*Roman*
(el)	noventa	*neunzig*
(el)	noviembre	*November*
el/la	novio/a	*(feste/r) Freund/in*
	nublado/a	*bewölkt*
	nuestro/a	*unsere/r/s*
	nuevamente	*nochmals*
(el)	nueve	*neun*
	nuevo/a	*neu(e)*
el	número	*Zahl, (Haus-/Telefon-), Nummer*
	numeroso/a	*zahlreich*
	nunca	*nie*

O

3 TR. 15

	o	*oder*
la	obra	*Werk*
(el)	ochenta	*achtzig*
(el)	ocho	*acht*
	ochocientos/as	*achthundert*
(el)	octubre	*Oktober*
la	oferta	*Angebot*
la	oferta de viaje	*Reiseangebot*
la	oficina	*Büro*
la	oficina de turismo	*Fremdenverkehrsamt*
	ofrecer	*anbieten*
	oiga	*Hören Sie mal.*
el	ojo	*Auge*
(el)	once	*elf*
la	ONCE (Organización Nacional de Ciegos Españoles)	*Nationale Blindenorganisation Spaniens*
la	ópera	*Oper*
	opinar	*meinen*
el	ordenador	*Computer*
la	oreja	*Ohr*
	organizar	*organisieren*

	original	*originell*
el	oro	*Gold*
	os	*euch*
el	otoño	*Herbst*
	otro/a	*andere/r/s, noch eine/r/s*
	oye	*Sag mal./Hör mal.*

P

3 TR. 16

	Paco	*Kurzform von Francisco*
el	padre	*Vater*
los	padres	*Eltern*
la	paella	*Paella, Reisgericht mit Meeresfrüchten bzw. Fleisch, Huhn, Gemüse*
	pagar	*bezahlen*
el	país	*Land*
el	paisaje	*Landschaft*
la	palabra	*Wort*
el	pan	*Brot*
la	pantalla	*Bildschirm*
la	papa	*Kartoffel*
el	papá	*Papa, Vati*
	par	*paar*
	para	*für, um … zu, zu, nach, gegen*
la	parada	*Haltestelle*
	parecer	*scheinen*
	parecido/a	*ähnlich*
	París	*Paris*
el	parque	*Park, Stadtgarten*
la	parte	*Teil*
	pasado/a	*vergangen, vorig*
el	pasaje	*Flugticket*
el	pasaporte	*(Reise-)Pass*
	pasar	*verbringen, passieren, reichen, geben, vorbeigehen*
	pasarlo bien	*eine schöne Zeit verbringen, sich amüsieren*
	pasear	*spazieren*
el	paseo	*Promenade, Spaziergang*
el	pasillo	*Flur*
la	pastelería	*Konditorei*
la	pastilla	*Tablette*
la	patata	*Kartoffel*
las	patatas bravas	*frittierte Kartoffeln mit scharf gewürzter Majonäse*
el	patinaje	*Rollschuh laufen*
	patinar	*Rollschuh bzw. Inline Skates laufen*
los	patines en línea	*Inline Skates*
la	paz	*Frieden*
	pedir	*bestellen, fragen, bitten*
la	película	*Film*
el	pelo	*Haar*
la	península	*Halbinsel*
	pensar	*denken*
	peor	*schlechter, schlimmer*
	Pepa	*Kurzform von Josefa*
	pequeño/a	*klein/e*
	perder	*verlieren*
	perdón	*Entschuldigung, Verzeihung*
	perdonar	*entschuldigen*
	perfecto/a	*perfekt*
el	perfume	*Parfüm*
la	perfumería	*Parfümerie*
el	periódico	*Zeitung*
la	perla	*Perle*
	pero	*aber*
	pero bueno	*Jetzt hör mal!*
la	persona	*Person*
	personal	*persönlich*
el	pescado	*Fisch*
la	pezuña	*Huf, Klauen*
	picante	*scharf*
el	pie	*Fuß*
la	piel	*Leder*
la	pierna	*Bein*
el	pimiento	*Paprika*
el/la	pintor/a	*Maler/in*
el	piragüismo	*Kanusport*
la	piscina	*Schwimmbad*
el	piso	*Wohnung*
el	piso compartido	*Wohngemeinschaft*
el	pistacho	*Pistazie*
el	plano	*Stadtplan*
la	planta	*Pflanze*

la	planta de interior	*Zimmerpflanze*
la	plata	*Geld*
el	plátano	*Banane*
el	plato	*Teller, Gericht*
la	playa	*Strand*
la	plaza	*Platz*
la	pluma	*Feder*
la	pluma estilográfica	*Füllfederhalter*
	poco	*wenig*
	podemos	*wir können*
	poder	*können, dürfen*
	podría	*Könnten Sie … ?*
el	pollo	*Huhn, Hähnchen*
el	pollo asado	*Brathähnchen*
el	pollo con mole	*Hähnchen mit einer Soße aus Chili, Erdnüssen, Schokolade und Gewürzen*
	poner	*geben, stellen, legen*
el	pop	*Pop*
	por	*für, durch, pro, je, über*
	por algún sitio	*irgendwo*
	por eso	*deswegen, deshalb*
	por favor	*bitte*
	por fin	*endlich*
	por la mañana	*morgens*
	por qué	*warum?*
	por supuesto	*selbstverständlich*
	por último	*als Letztes*
el	poroto	*Bohne*
	porque	*weil*
el	portal	*Webseite, Homepage*
(el)	Portugal	*Portugal*
	portugués / portuguesa	*Portugiese / in, portugiesisch*
el	postre	*Nachtisch*
	potente	*leistungsfähig*
el	pozole	*Maiseintopf mit Fleisch und Chilipfeffer*
las	prácticas	*Praktikum*
	práctico / a	*praktisch*
el	precio	*Kaufpreis*
el	precio total	*Gesamtpreis*

	precioso / a	*entzückend*
	preferir	*vorziehen, lieber mögen*
la	pregunta	*Frage*
	preguntar	*fragen*
	premio Nobel	*Nobelpreis*
	preocupadísimo / a	*sehr besorgt*
	preocupado / a	*besorgt*
	preocuparse	*sich Sorgen machen*
la	preparación	*Vorbereitung*
	preparar	*vorbereiten*
	presente	*diese / r / s*
	presumido / a	*eitel*
la	primavera	*Frühling*
el	primer plato	*erster Gang*
	primero	*zuerst, zunächst*
el	primero	*erster Gang*
	primero / a	*erste / r / s*
el / la	primo / a	*Cousin / e*
	principal	*Haupt-*
el	principio	*Anfang*
la	prisa	*Eile*
	probar	*probieren*
el	problema	*Problem*
el	producto	*Produkt*
la	profesión	*Beruf*
el / la	profesor / a	*Lehrer / in*
el	programa	*Programm (Computer)*
	pronto	*früh*
	pronunciar	*aussprechen*
la	propina	*Trinkgeld*
	propio / a	*eigene / r / s*
	proponer	*vorschlagen*
	próximo / a	*nächste / r / s*
el	proyecto	*Projekt*
el	proyector de cine	*Filmprojektor*
el	pueblo	*Dorf, Volk*
el	puente	*Brücke*
	pues	*also, also dann …, aber, denn, Also … / Na ja …*
el	pulpo	*Krake*
el	pulpo a la gallega	*Krake nach galicischer Art (mit Pfeffer gebraten)*
el	punto	*Punkt*

Q

3 TR. 17

	que	*dass, als*
	qué	*wie, was, welche/r/s*
	que cumplas muchos más	*Lange sollst du leben!*
	qué hay	*Wie geht's?*
	qué pena	*Schade!*
	qué tal	*Wie geht's?/Wie war's?/ Wie wär's?*
	que te mejores	*Gute Besserung!*
	quedar	*sich verabreden*
	quedarse	*bleiben*
	querer	*wollen*
la	quesadilla	*mit Käse gefüllter Maisfladen*
el	queso	*Käse*
	quién	*wer?*
(el)	quince	*fünfzehn*
	quinientos/as	*fünfhundert*
	quizá(s)	*vielleicht*

R

3 TR. 18

la	ración	*Portion*
	Rafa	*Kurzform von Rafael*
el	ramo	*Strauß*
	rápido/a	*schnell*
la	raqueta	*Tennisschläger*
	raramente	*selten*
	raro/a	*komisch*
el	rato	*Weile*
la	razón	*Recht*
el/la	recepcionista	*Empfangschef/-dame*
	recibir	*annehmen*
	recientemente	*neulich*
	recoger	*sammeln*
	recomendar	*empfehlen*
	recordar	*sich erinnern*
	recto	*geradeaus*
el	recuerdo	*Erinnerung*
	referirse	*sich beziehen, meinen*
el	refresco	*Erfrischungsgetränk*
	regalar	*schenken*
el	regalo	*Geschenk*
	regresar	*zurückkehren*
la	reina	*Königin*
	reinar	*herrschen*
	relajarse	*sich entspannen*
	rellenar	*ausfüllen*
	relleno/a	*gefüllt*
	remar	*rudern*
el	remedio	*(Heil)mittel*
	repetir	*wiederholen*
la	reserva	*Reservierung*
	reservado/a	*reserviert*
	reservar	*reservieren*
	resfriado/a	*erkältet*
la	residencia	*Aufenthaltsort*
	resistente	*fest, widerstandfähig*
	resolverse	*sich lösen*
	responder	*antworten*
la	respuesta	*Antwort*
el	restaurante	*Restaurant*
	rico/a	*lecker*
el	Rioja	*Rioja(wein)*
el	ritmo	*Rhythmus, Tempo*
	rizado/a	*lockig*
	robar	*stehlen, klauen*
el	rock	*Rock*
(el)	rojo	*Rot*
	rojo/a	*rot*
	romántico/a	*romantisch*
la	ropa	*Kleider*
(el)	rosa	*Rosa, rosa*
	rosado/a	*Rosé (Wein)*
	rubio/a	*blond*

S

3 TR. 19

	s/n (= sin número)	*ohne Hausnummer*
el	sábado	*Samstag*
	saber	*wissen*
	sacar	*(heraus)nehmen*
la	sal	*Salz*
	salado/a	*salzig*

la	salida	*Ausgang, Abflug*
	salir	*ausgehen, weggehen, starten (Flug)*
el	salón	*Wohnzimmer, Salon*
la	salsa	*Soße*
la	salud	*Gesundheit*
	saludar	*grüßen*
la	sangría	*Rotweinbowle mit Früchten*
	sano/a	*gesund*
la	sartén	*Pfanne*
	se	*man, ihm, ihr, Ihnen, sich*
	sé	*ich weiß*
la	secretaria	*Sekretärin*
la	sed	*Durst*
	seguir	*weitergehen, weitermachen*
	segundo/a	*zweite/r/s, zweiter Gang, zweiter Stock*
	seguramente	*sicherlich*
	seguro	*sicher, bestimmt*
(el)	seis	*sechs*
	seiscientos/as	*sechshundert*
el	sello	*Briefmarke*
el	semáforo	*Ampel*
la	semana	*Woche*
la	semanita	*kleine, nette Woche*
la	señal	*Zeichen*
	sencillo/a	*einfach, schlicht*
el	señor	*Herr, Mann*
la	señora	*Frau*
	sentarse	*sich hinsetzen*
	sentirse	*sich fühlen*
(el)	septiembre	*September*
	ser	*sein*
el	ser	*Wesen, Sein*
	serio/a	*seriös, ernst*
el	servicio	*Dienst, Service*
la	servilleta	*Serviette*
	servir	*dienen*
(el)	sesenta	*sechzig*
	setecientos/as	*siebenhundert*
(el)	setenta	*siebzig*
	si	*wenn, falls, ob*
	sí	*ja*
	siempre	*immer*
	siempre que	*immer wenn*
la	siesta	*Mittagsschlaf*
(el)	siete	*sieben*
	significar	*bedeuten*
la	silla	*Stuhl*
el	sillón	*Sessel*
	simpático/a	*nett, sympathisch*
	simplemente	*einfach*
	sin	*ohne*
	sin gas	*(Wasser) ohne Kohlensäure*
	sincero/a	*ehrlich*
	sino	*sondern*
el	síntoma	*Symptom*
el	sitio	*Platz, Stelle*
	situado/a	*gelegen*
	sobre	*über, gegen*
el/la	sobrino/a	*Neffe, Nichte*
	social	*Sozial-, sozial*
el	sofá	*Sofa*
el	sol	*Sonne*
	solamente	*nur*
	solicitado/a	*verlangt, gesucht*
	sólo	*nur*
	solo/a	*allein, einzige/r/s*
el	sombrero	*Hut*
	sonar	*klingen*
	soñar	*träumen*
	sonreír	*lächeln*
la	sopa	*Suppe*
la	sopa de pescado	*Fischsuppe*
la	sorpresa	*Überraschung*
el	sorteo	*Verlosung*
	soso/a	*fad, ungesalzen*
	su	*sein/e, ihr/e, Ihr/e, euer/eure*
(la)	Suecia	*Schweden*
	sueco/a	*Schwede/in, schwedisch*
el	sueño	*Traum, Müdigkeit*
la	suerte	*Glück*
(la)	Suiza	*Schweiz*
	suizo/a	*Schweizer/in, schweizerisch*
el	súper	*Supermarkt*
	super-	*sehr, super-*
	superior	*Ober-*

el	supermercado	*Supermarkt*
	suponer	*vermuten*
el	sur	*Süden*
	surrealista	*surrealistisch*

T

3 TR. 20

el	tabaco	*Tabak, Zigarette*
	también	*auch*
	tampoco	*auch nicht*
	tan	*so, so sehr*
la	tapa	*Häppchen*
el	tapeo	*Tour durch Tapas-Bars*
la	tarde	*Nachmittag, Abend*
	tarde	*spät*
la	tarjeta de crédito	*Kreditkarte*
la	tarjeta de cumpleaños	*Geburtstagskarte*
el	taxi	*Taxi*
el	taxista	*Taxifahrer*
	te	*dir, dich*
el	té	*Tee*
el	teatro	*Theater*
la	tele / televisión	*Fernsehen*
el	teléfono	*Telefon*
el	tema	*Thema*
la	temperatura	*Temperatur*
	temprano	*früh*
el	tenedor	*Gabel*
	tener	*haben, sein*
	tener ganas	*Lust haben*
	tener que	*müssen*
el	tenis	*Tennis*
	tercero / a	*dritte / r / s*
	terminar	*fertig sein, beenden*
la	terracita	*kleine Terrasse*
la	terraza	*Terrasse*
	ti	*dich, dir*
el	tiempo	*Zeit, Wetter*
la	tienda	*Laden, Geschäft*
	tieso / a	*steif*
	tímido / a	*schüchtern*
	tinto / a	*Rot(Wein)*
el / la	tío / a	*Onkel / Tante*
el	tipo	*Typ*
	tocar	*entfallen*
	todavía	*noch*
	todo	*alles*
	todo / a	*ganz*
	todos	*alle*
	todos los días	*jeden Tag*
	tomar	*nehmen*
el	tomate	*Tomate*
la	tortilla	*Omelett mit Zwiebeln und Kartoffeln, Maisfladen*
la	tos	*Husten*
	total	*Gesamt-*
	totalmente	*völlig*
	trabajar	*arbeiten*
el	trabajo	*Arbeit*
	traer	*bringen, holen*
	tranquilamente	*in Ruhe*
la	tranquilidad	*Ruhe*
	tranquilo / a	*ruhig*
el	transbordo	*Umsteigen*
el	transiberiano	*transsibirische Eisenbahn*
el	transporte	*Verkehrsmittel*
	tratar de tú	*duzen*
(el)	trece	*dreizehn*
(el)	treinta	*dreißig*
el	tren	*Zug*
(el)	tres	*drei*
	trescientos / as	*dreihundert*
el	trigo	*Weizen*
	triste	*traurig*
	tropezar	*stolpern*
el	trozo	*Stück*
	tu	*dein / e*
	tú	*du*
	tú también	*gleichfalls!*
el	turismo	*Tourismus*
	turístico / a	*touristisch*

U

3 TR. 21

	uf	*Hopla!, Mensch!*
	últimamente	*neulich, in letzter Zeit*

	último/a	*letzte/r/s*
	un par	*ein paar*
	un par de veces	*ein paar Mal*
	un poco	*ein bisschen*
	un poquito	*ein kleines bisschen*
	un/a	*ein/eine*
la	una	*ein Uhr*
la	universidad	*Universität*
	un momento	*einen Moment*
(el)	uno	*eins*
	uno/una, unos/unas	*eine/r/s, einige*
	unos/as	*einige, etwa …*
	usted	*Sie*
	ustedes	*Sie, ihr, Ihnen, euch*
	utilizar	*benutzen*

V

3 TR. 22

la	vacación	*Urlaub*
la	vainilla	*Vanille*
	vale	*o.k.?/In Ordnung!*
	varias veces	*mehrmals*
	varios/as	*einige, mehrere*
el	vasco	*baskisch*
el	vaso	*Glas*
	vaya	*Na so was!/So ein Pech!/ Mensch!*
el/la	vecino/a	*Nachbar/in*
(el)	veinte	*zwanzig*
la	vela	*Kerze, Segel*
el	vendedor	*Verkäufer*
	venezolano/a	*Venezolaner/in, venezolanisch*
(la)	Venezuela	*Venezuela*
	venga	*Los!/Komm!*
	venir	*(mit)kommen*
la	venta	*Verkauf*
la	ventaja	*Vorteil*
	ver	*sehen*
el	verano	*Sommer*
la	verbena	*Tanz, Fest*
la	verdad	*Wahrheit*
(el)	verde	*Grün, grün*
la	verdura	*Gemüse*
	vestir	*kleiden*
la	vez	*Mal*
	viajar	*reisen*
el	viaje	*Reise*
la	vida	*Leben*
el	vídeo	*Videorekorder, Video*
el	viento	*Wind*
el	viernes	*Freitag*
el	vinagre	*Essig*
el	vino	*Wein*
la	visita	*Besuch, Besichtigung*
	visitar	*besuchen, besichtigen*
la	vista	*Blick*
la	vitamina	*Vitamin*
	vivir	*leben, wohnen*
	volver	*zurückkehren*
	vosotras	*ihr, euch*
	vosotros	*ihr, euch*
el	vuelo	*Flug*
el	vuelo directo	*Direktflug*
	vuestro/a	*euer/eure*

Y

3 TR. 23

	y	*und*
	ya	*ja, schon*
	yo	*ich*
el	yoga	*Yoga*
el	yogur	*Joghurt*

Z

3 TR. 24

la	zanahoria	*Karotte, Möhre*
la	zapatería	*Schuhgeschäft*
el	zapato	*Schuh*
la	zona	*Gegend*
el	zumo	*Saft*